JN109916

ライブラリ わかりやすい心理学 ▶7

わかりやすい
社会心理学

榎本 博明 著

サイエンス社

は じ め に

　この本は，社会心理学をはじめて学ぶ人を想定し，基本的な事項から最新の知見までをわかりやすく解説した入門書です。多くのテキストにありがちなように，実験や調査の結果をただ羅列するのでは，なかなか理解が進みませんし，意義ある学びにも楽しい学びにもなりません。そこで，それぞれの知見が何を意味するのかがよくわかるように，日常生活と結びつけた記述を心がけました。

　社会心理学は，個人と社会のかかわりについて，心理学的に探究する学問です。人間は社会的動物であるといわれるように，私たちは生まれたその瞬間から社会にどっぷり浸かって生活しています。社会とのかかわりは，当初は親子関係が中心となりますが，しだいに友人関係の占める比率が大きくなっていきます。幼稚園や学校に通うようになれば，先生とのかかわりが重要となるのに加えて，友だち関係の輪も一気に広がっていきます。

　そのような社会生活を送る中で，友だちをはじめとする人とのつきあい方に悩んだり，周囲の人たちとは感受性や考え方が異なる自分の心理的特徴への気づきを深めたり，クラスの仲間や部活の仲間とのやりとりを通して集団のあり方について頭を悩ませたり，ニュース報道などを通して不祥事を起こす人たちの心理や組織のあり方について疑問を抱いたりすることがあるはずです。そうした心の動きを探究し，個人と社会のかかわりを解明しようとするのが社会心理学です。

　具体的には，自己と他者のかかわり，コミュニケーションのあり方，組織・集団の動き，消費者の心の動き，個人を方向づける文化的特徴などにみられる心理法則を探っていきます。

　第1章および第2章では，人に対する印象がどのようにつくられるのか，人に対して感じる魅力にはどのような要因が働くのかといった観点から，自己と他者のかかわりについて考えていきます。

　第3章では，人とのかかわりを通して意識されるようになる自分自身の心理的特徴や心の動きについて考えていきます。

　第4章では，人を思いやったり助けようとしたりする心理と人を攻撃しようとする心理という対極にある心理現象に焦点づけて，なぜそのような心の動きが生じるのかについて考えていきます。

　第5章および第6章では，身近な人間関係の中で生じる心の葛藤や恋愛の心理について考えるとともに，コミュニケーションのあり方についても考えていきます。

　第7章では，人と交渉する際に必要な心の構えや説得的コミュニケーションに関する学びを通して，有効な交渉・説得の仕方について考えていきます。

　第8章および第9章では，集団心理やリーダーシップ，組織風土などの学びを通して，集団・組織のあり方について考えていきます。

　第10章では，人々の消費行動にみられる心理法則，それを踏まえたマーケティング戦略に関する学びを通して，消費者としての人間の心の動きについて考えていきます。

　第11章では，私たちの心の動きを大きく規定している文化的な圧力，私たちが無意識のうちに影響を受けている文化的要因について考えていきます。

　第12章では，私たちにとって最も身近な集団であり，生まれた瞬間から影響を受け続けてきた，家族の中での心の動きについて考えていきます。

　社会心理学を学ぶことは，日常の人間関係について理解したり，そこでの悩みを解消するヒントを得たりするのに役立つとともに，自分と社会とのかかわりについて考えたり，ニュースでふれるさまざまな社会現象を理解したりするのにも役立つはずです。

　最後に，このライブラリを企画し，本書の編集の労をとっていただいたサイエンス社編集部の清水匡太氏に心から感謝の意を表します。そして，この「ライブラリ　わかりやすい心理学」が多くの読者の役に立つことを願っています。

　2023年1月

榎 本 博 明

目　　次

対人認知と印象形成

印象形成の心理メカニズム

人や社会現象などのとらえ方を社会的認知といいますが，その中でも人に対するとらえ方を対人認知といいます。いわば**対人認知**とは，性格・能力などの比較的安定した性質や，感情・意図・欲求といったその時々の心理状態など，他者のもつ特性や心理状態を推測することを指します。

対人認知に関する典型的な研究として，**印象形成**の研究があります。これは，他者についての印象がどのようにつくられるのか，その心理メカニズムを明らかにしようというものです。

1.1.1　初頭効果と中心特性

初対面の人と会う際には非常に気をつかうものですが，それはどんな印象を与えるかが気になるからです。いったんもたれた印象はなかなか変えることができません。そのことを日常生活の中で感じる人も少なくないはずですが，はじめにつくられた印象が根強い影響力をもつことは，心理学の実験でも証明されています。

それを初頭効果といいます。**初頭効果**とは，はじめに与えられた情報が，その後に続く情報よりも有効に作用することを指します。これは，まさに第一印象の根強さを意味するものといえます。

初頭効果は，アッシュ（1946）の有名な実験によって，はじめて明らかにされました。それは，ある見知らぬ人物について，その人物の性格を表す形容詞を順々に提示するという方法を用いて紹介し，どんな印象をもつかを調べるものです。その際，A系列とB系列の2通りの紹介の仕方を用意し（表1-1），つくられる印象が違うかどうかを検討しました。A系列とB系列は，まったく同じ6つの形容詞で構成されていますが，提示していく順序が正反対になっています。A系列では，はじめのほうに好ましい形容詞が置かれ，中性的な形容詞がそれに続き，終わりのほうにあまり好ましくない形容詞が置かれています。B系列では，まったく逆の順番になっています。

その結果，A系列では「多少の欠点はあるものの，能力のある人物」といっ

表 1-1 **アッシュによる初頭効果についての実験**（アッシュ，1946）

A 系列	知的な→勤勉な→衝動的な→批判力のある→強情な→嫉妬深い
B 系列	嫉妬深い→強情な→批判力のある→衝動的な→勤勉な→知的な

た肯定的な印象がつくられやすいのに対して，B系列では「重大な欠点のために能力が発揮できない人物」というような否定的な印象がつくられやすいことがわかりました。中間に置かれている中性的な意味をもつ「衝動的な」「批判力のある」といった形容詞も，A系列では肯定的な意味に解釈されるのに対して，B系列では否定的な意味に解釈されました。

　初頭効果が生じる理由についてはいくつかの説明がありますが，アッシュは関連づけのメカニズムによる説明をしています。それは，はじめに与えられた情報によって一定の印象がつくられると，それに続く情報はすでに確立されている印象に関連づけて解釈されるというものです。はじめに肯定的な印象をもつと，その後に得られる情報は肯定的な方向に歪めて解釈されやすく，はじめに否定的な印象をもつと，その後に得られる情報は否定的な方向に歪めて解釈されやすいというわけです。

　アッシュは，このような印象形成の実験を繰り返す中で，「温かい」「冷たい」という形容詞が，印象形成に対してとくに大きな影響を与えることを発見しました（表1-2，表1-3）。他の形容詞が入れ替わってもたいして印象が変わらないのに対して，「温かい」と「冷たい」のどちらがあるかで大きく印象が違ってくることから，これらを**中心特性**と名づけました。

1.1.2　事前情報が会ったときの印象を方向づける

　このように強力な影響力をもつ第一印象が，じつは実際に会う前にすでに形成されている場合があることもわかっています。それを証明したケリー（1950）の実験では，教室にいる学生たちは，これから講義をしてもらう臨時講師のプロフィールだとして簡単なメモを受け取ります（表1-4）。それを読み終えた頃に講師が入室し，講義を行い，質疑応答を行って退室します。そこで，学生たちに臨時講師についての印象を形容詞リストにチェックする形で評定してもらいます。ただし，配付されたプロフィールは2種類あり，その2つは1カ所を除いてまったく同じでした。一つは図に示したものですが，もう一つは図の「どちらかというと冷たい」の部分が「とても温かい」となっていました。つまり，半数の学生は「冷たい」という言葉のある紹介文を，残りの半

表1-2　アッシュによる中心特性についての実験（アッシュ，1946）

A系列	知的な→器用な→勤勉な→温かい→決断力のある→現実的な→慎重な
B系列	知的な→器用な→勤勉な→冷たい→決断力のある→現実的な→慎重な

表1-3　A系列（温かい）とB系列（冷たい）でとくに差がついた印象
（アッシュ，1946をもとに作成）

	A系列（温かい）(%)	B系列（冷たい）(%)
寛大な	91	8
賢い	65	25
幸福な	90	34
人の良い	94	17
ユーモアのある	77	13
社交的な	91	38
人気がある	84	28
情の深い	86	31
愛他的な	69	18
想像力豊かな	51	19

表1-4　ケリーによる事前情報の効果についての実験（ケリー，1950; 榎本訳）

○○氏は，当マサチューセッツ工科大学の経済・社会科学部の大学院生です。彼は，他の大学で3学期間，心理学を教えたことがありますが，本校の心理学コースで講義をするのははじめてです。彼は26歳で，経験豊かで，既婚です。彼を知る人は，彼のことを，どちらかというと冷たい人物で，勤勉で，批判力に優れ，現実的で，決断力があるといいます。

数の学生は「温かい」という言葉のある紹介文を読んでから講義を受けたのです。

　その結果，同じ教室で一緒に講義を受けたにもかかわらず，前もってどちらの紹介文を読んだかによって，講師の印象がまったく違っていました。大きな差がみられたのは，「他人を思いやる」「形式ばらない」「社交的」「人気がある」「ユーモアがある」などの評価で，いずれも「温かい」が入った紹介文を読んだ学生たちのほうが肯定的に評価していました。さらには，質疑応答でも，「温かい」が入った紹介文を読んだ学生たちのほうが積極的に参加していました。これも，臨時講師に対して好印象をもった証拠といえます（図1-1）。

　ここからわかるのは，事前に与えられた情報によって一定の印象がつくられると，実際に会ってからの言動も，その印象に沿った方向に解釈されるということです。そうなると，会えばわかり合えるというように楽観することはできません。事前情報が非常に重要になるため，人を介して伝わる前評判を軽視するわけにはいかないのです。

1.1.3　暗黙の性格観

　かかわる相手がどのような人物なのかがわからないと，どうにも気持ちが落ち着きません。でも，初対面の相手はもちろんのこと，まだ知り合って間もない相手の内面はまったく未知の世界です。得体の知れない相手とやりとりするのは不安なため，わずかな情報を手がかりに，できるだけ手っ取り早く相手の性格的特徴や能力的特徴を推測しようとします。その際に，観察者側の過去経験による勝手な推論が無意識のうちに働き，相手が実際には示していない特徴までも相手の中に見たつもりになることがあります。その典型的な認知システムが暗黙の性格観（ブルーナーとタギウリ，1954）です。

　暗黙の性格観とは，これまでの経験によって形成されたもので，性格特性同士の関係，あるいは性格特性と行動や外見との関係についての認知システムです。たとえば，これまでの経験によって，知的な人は，しっかりしているが，競争心が強く，利己的で，冷たくて，思いやりがないといった性格観を暗黙のうちに身につけている人がいるとします（図1-2）。そのような人が，まだよ

「とても温かい」　　＞　「どちらかというと冷たい」

他人を思いやる
形式ばらない
社交的
人気がある
ユーモアがある

図 1-1　事前情報によって会ったときの印象が違ってくる
紹介文に「温かい」が入っているか「冷たい」が入っているかでとくに大きな差が
みられたもの。

く知らない人物に関して，知的な人だという情報を得ると，ほぼ自動的に「利
己的でつきあいづらい人物」といった印象をもってしまい，かかわるのを躊躇
しがちです。実際には，知的な人の中にも温かく思いやりのある人物もいるは
ずですが，暗黙の性格観のせいで，「知的」という情報を確認しただけで，ネ
ットワーク化されている他の性格特性までもその人物がもっているように思い
込んでしまうのです。

　暗黙の性格観には，「太っている人は……」「美人は……」「眼鏡をかけてい
る人は……」「声の大きい人は……」「身ぶり手ぶりの大きい人は……」という
ように，容姿・容貌，髪型・化粧，服装・アクセサリーなどの外見的特徴と性
格特性を結びつけたものや，しゃべり方，声の大きさ，しぐさ，歩き方などの
行動特徴と性格特性を結びつけたものなどがあります。

　これは，乏しい手がかりから相手の性格を推測するのに役立ちますが，偏見
につながります。暗黙の性格観により相手に帰属させた何の根拠もない性格特
性であっても，いったんつくられた印象はなかなか修正がきかないため，相手
をきちんと見ずに勝手に決めつけているというようなことが日常的に起こって
いる可能性があります。その場合，目の前の人物を見ているつもりでも，実際
には見る側の心の中から引き出された架空の人物を見ていることになります。

1.2　対人認知の枠組み

1.2.1　対人認知の次元

　目の前の人物がどのような人であるかを判断するとき（対人認知），私たち
は相手に関するさまざまな次元の情報を参考にします。たとえば，容姿・容
貌・髪型や服装・持ち物のような外見的手がかりや，しゃべり方や物腰など社
会的場面でみられる行動的特徴に着目します。そこから性格や自己概念や価値
観のような内面的特徴を推測します。このように，手に入るあらゆる情報を手
がかりにして，目の前の人物に対する印象が形成されます（表1-5）。

　ローゼンバーグたち（1968）は，人間関係面での良し悪しと知的能力面での
良し悪しという2つの次元で対人認知が行われるとしました。実際，友だちや

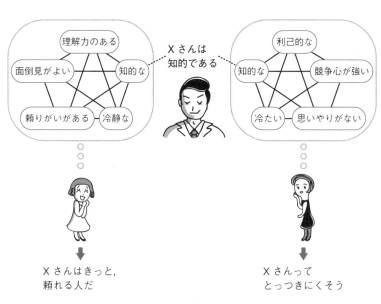

図 1-2　暗黙の性格観

表 1-5　対人認知に用いられる情報の次元

外見的手がかり	容姿・容貌・服装など相手の外見。
行動的特徴	相手の自分に対する行動や他者に対する行動など。
内面的特徴	相手の持続的な性格特性，相手の感情的適応と自己概念，価値観など。

仕事上かかわりのある人物を評する言葉に着目すると，「頭は良いんだけど，性格がきつくて人とうまくいかないんだよね」「人当たりが良くて，だれとでもうまくつきあえるんだが，仕事がいまいちできないんだなぁ」などと，人間関係面と知的能力面の２次元でとらえていることが多いものです。

　対人認知の次元に関しては多くの研究が行われてきましたが，大橋たち（1975）や林（1978）は，個人的望ましさ，社会的望ましさ，活動性の３つの次元でとらえられるとしています。個人的望ましさは知的能力面の良し悪しの次元，社会的望ましさは人間関係面の良し悪し（親しみやすさ）の次元と重なっており，それに活動性が加わるものの，知的能力面と人間関係面で人を判断するのは，多くの人に共通にみられる心理傾向といってよいでしょう（図１-3）。

1.2.2　ステレオタイプ

　ドーンブッシュたち（1965）は，２人が同一の友だちについて記述する際のカテゴリーの重複（45％）よりも，１人が２人の異なる友だちについて記述する際のカテゴリーの重複（57％）のほうが大きいことを見出しました。ここからわかるのは，対人認知においては見る側の要因が大きく作用するということです。同じ人物でも，見る人によって印象が違っているのです。

　対人認知に影響する見る側の要因として，**ステレオタイプ**があります。それは，人種・民族，性別，年齢，職業などの社会的カテゴリーで分類される集団に対する紋切り型のとらえ方のことです。たとえば，日本人は内気で恥ずかしがり，アメリカ人は明るく社交的，雪国出身の人は寡黙で忍耐強い，女性は繊細でやさしい，年をとると頑固になる，銀行員は堅くてきまじめなど，私たちの社会で広く共有されている見方も，ステレオタイプの一種といえます。

　マクガーティたち（2002）は，ステレオタイプのもつ基本的な原則として，表1-6のような３つをあげています。つまり，ステレオタイプのお陰で，私たちは目の前の人物，あるいは問題となっている人物や集団の性質について，手っ取り早く判断することができますが，それが対人認知を歪めることもあり，時に偏見や差別につながります。

【ローゼンバーグの2次元】

・人間関係面での良し悪し

温かい，社交的な，人気のある ◀━━━▶ 不幸な，冷たい，ユーモアのない　など

・能力面での良し悪し

勤勉な，理性的な，意志の強い ◀━━━▶ 愚かな，無責任，軽薄な　など

【林が抽出した3次元のうちの2つ】

・社会的望ましさ

冷たい―温かい，人の良い―人の悪い，親切な―意地悪な　など

・個人的望ましさ

頼りない―しっかりした，知的な―知的でない，頭の良い―頭の悪い　など

図 1-3　**対人認知の主要な2つの次元**（林，1978をもとに作成）

表 1-6　**ステレオタイプのもつ基本的な原則**（マクガーティたち，2002）

1.　ステレオタイプは説明の助けになる。
2.　テレオタイプはエネルギー（労力）を節約する道具である。
3.　ステレオタイプは共有された集団信念である。

　コーエン（1981）は，映像に出てくる女性がウェイトレスあるいは司書であるという情報を前もって与えてから映像を視聴させ，その後に記憶テストを行いました。その結果，映像で描かれた行動のうち，ウェイトレスという情報を与えられていた者はウェイトレスらしい特徴をもつ行動を，司書という情報を与えられていた者は司書らしい特徴をもつ行動をよく覚えていることがわかりました。つまり，ステレオタイプに合致しない特徴よりも合致する特徴をよく覚えていたのです。

　ステレオタイプは**偏見**につながりやすく，好ましくないステレオタイプは抑制する必要がありますが，抑制しようとするとかえって頭に浮かんでしまうということがあります。これを**リバウンド効果**（マクレーたち，1994）あるいは**逆説的効果**（ウェグナーたち，1987）といいます。あることを意識しないようにと思うことで，かえって意識してしまうというのは，ステレタイプに限らずありがちです。そこで，代替思考を用いることで逆説的効果を低減させようとする試みもあります（**表1-7**）。実際，ウェグナーたちは，「シロクマ」のことを考えるのを抑制する際に，代替思考として「赤いフォルクスワーゲン」について考えることで，ただ抑制するだけよりも，シロクマのことを思い浮かべてしまう逆説的効果が和らぐことを報告しています。田戸岡と村田（2010）も，高齢者に関する「無能」というステレオタイプを抑制するために，代替思考として「人あたりが良い」というような人柄の良さを思い浮かべることで，逆説的効果を低減できることを示しています。

　視点取得がステレオタイプによる偏見を排除したり，相手を肯定的に評価したりする効果をもつことも実証されています。ドヴィディオたち（2004）は，差別に悩むアフリカ系アメリカ人のビデオ映像を見せる際に，その人物の視点で見るように言われた者は，ただ見た者よりも，その人物を肯定的に評価することを報告しています。藏本（2022）は，写真を見せ，その人物の典型的な一日の過ごし方を想像して記述するように求める実験をしています。その際に，「写真の人物の立場に立ち，あなた自身がこの人物になったつもりで」「この人の目を通して世の中を見て，この人の靴を履いて歩いているつもりで，想像してみて下さい」と教示された者は，ただ単に想像した者よりも，その人物が肥

表 1-7　偏見につながるステレオタイプの抑制法

ステレオタイプのリバウンド効果/逆説的効果。
偏見につながるステレオタイプを意識しないようにと思うと，かえって頭に浮かんでしまうこと。

代替思考によりそれを低減できる。
高齢者に対する「無能」というステレオタイプ。
　　代替思考：「人あたりが良い」。
　　　　これを思い浮かべることで，無能というステレオタイプをあまり意識せずにすむようになった（田戸岡と村田，2010）。

視点取得がステレオタイプによる偏見を排除したり，相手を肯定的に評価したりする効果をもつ。
　　その人物になったつもりで，その人物の視点から物事を見るようにすると，偏見による影響を受けずに，肯定的に評価するようになる。
　　　　　　　　　　　　　　　　　　　（ドヴィディオたち，2004; 藏本，2022）

満体型であっても，好意的に評価していることが示されました。

1.2.3　自己スキーマ

　対人認知に影響する見る側の要因として，ステレオタイプの他に，自己スキーマがあります。**自己スキーマ**とは，過去経験によって形成された自己についての認知の一般化されたもので，自己にかかわる情報処理を規定するものです。たとえば，自分は社交的である，責任感が強い，キャリア志向が強い，思いやりがある，謙虚であるなどといった自己に関する知識が自己スキーマに相当し，それが自己ばかりでなく他者に関する情報処理の仕方をも規定します（表 1-8）。

　カーペンター（1988）は，キャリア志向についての自己スキーマと対人認知の関係を検討しています。その実験において，ある架空の人物像を呈示した後で，その人物に関する情報を思い出させたところ，キャリア志向の自己スキーマをもつ者は，そのような自己スキーマをもたない者よりも，その人物に関するキャリア志向的な情報をよく思い出しました。これは，自分の自己スキーマに沿って他者に関する情報処理をしていることの証拠といえます。

　このような実験結果からいえるのは，他者の人物像を判断する際に，キャリア志向が強いと自認している人物はキャリア志向が強いかどうかを気にしやすく，謙虚さを自認している人物は謙虚かどうかを気にしやすく，責任感の強さを自認している人物は責任感が強いかどうかを気にしやすいということです。つまり，どのような自己スキーマをもっているかによって他者のどこに着目するかが違ってくるのです。

1.3　化粧や服装の効果

1.3.1　化粧の効果

　対人認知に影響する要因に化粧や服装などの外見面があります。まずは化粧について考えてみましょう。

　化粧には，変身をしてふだんとは違う自分になるという意味と，目的に応じ

表 1-8　自己スキーマが対人認知に影響する

自己スキーマ……過去経験によって形成された自己についての認知の一般化さ
　　　　　　　　れたものであり，自己にかかわる情報処理を規定するもの。
　　　　　　　　自己ばかりでなく他者に関する情報処理をも規定する。

　　キャリア志向についての自己スキーマをもつ者は，他者のキャリア志向
的な情報をよく思い出す（カーペンター，1988）。
　　　→自己スキーマに沿って他者に関する情報処理をしている。

どのような自己スキーマをもっているかによって，他者のどこに着目するか
が違ってくる。

て望ましい自分の外見を演出するという意味があります。人間関係においてと
くに意識されるのは後者の意味でしょう。そこでは，自己呈示（第 6 章参照）
の一種として化粧が行われます。たとえば，化粧には目の大きさの錯視を引き
起こす効果があることが実証されています（図 1-4，図 1-5）。

　グラハムとジョハー（1981）は，化粧が人の見栄えをより魅力的にするので
あれば，化粧をすることで性格的特徴も好意的に評価されるはずであるという
前提に立って，メイキャップ化粧とヘアケアを共にきちんと行う条件，どちら
かのみきちんと行う条件，共にきちんと行わない条件の 4 条件を設定し，外見
的魅力の評価および性格の評価に違いがあるかどうかの検証を行っています。
その結果，化粧もヘアケアもきちんと行ったほうが外見的魅力の評価が高いこ
とが示されました。さらに，きちんと化粧もヘアケアも行ったほうが，多くの
性格の次元において評価が高くなる，つまり好ましい性格をもつとみなされる
ことも示されました。

　吉川と榎本（2000）は，化粧度（使用する化粧品数）が対人不安（第 5 章参
照）と負の相関，自尊心と正の相関があり，化粧度の高さが自信の強さや対人
関係における安定性と関連していること（大坊，1997）から，大学生や看護学
生の化粧度に関する調査を行っています。その結果をみると，容貌，スタイル，
性的魅力を重視する者ほど，ナチュラルメイク（ファンデーション，アイブロ
ウなど）やメイキャップ演出（マニキュア，アイライナーなど）の使用度の高
さが目立ち，恋愛関係や自分らしい服装を重視する者ほどメイキャップ演出の
使用度が高くなっていました。化粧動機に関しては，学校場面では，「外見的
魅力」「性的魅力」を重視する者ほど「人に良い印象を与えたい」「欠点をカバ
ーしたい」「素顔とは違う自分になりたい」「男性から魅力的と思われたい」
「まわりの女性に見劣りしたくない」という動機をもつ傾向が強く，デート場
面では，「外見的魅力」「性的魅力」を重視する者ほど「男性から魅力的と思わ
れたい」「まわりの女性に見劣りしたくない」という動機をもつ傾向が強くな
っていました。

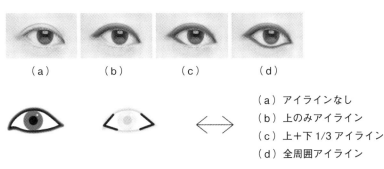

（a）アイラインなし
（b）上のみアイライン
（c）上＋下1/3アイライン
（d）全周囲アイライン

図1-4　アイメイクと幾何学的錯視の関係（森川，2015）

森川（2015）は，化粧による目の大きさの錯視を検討し，「上のみアイライン」条件で約4.8％，「上＋下1/3アイライン」条件で約5.1％の過大視が生じるが，「全周囲アイライン」条件では約3.3％と錯視量が統計的に有意に少なくなることを実証している。その原因として，「全周囲アイライン」条件では，図のように目頭と目尻にミュラー・リヤー内向錯視図形を形成し，それが目の過小視をもたらし，アイラインによる目の過大視を弱めてしまうことが指摘されている。

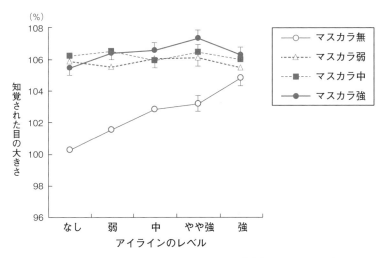

図1-5　アイラインとマスカラによる目の過大視（森川，2015）

同じく森川（2015）は，マスカラ使用により約6％の目の大きさの過大視が生じること，マスカラを使用していればアイラインの影響はないこと，マスカラを使用していないときはアイラインが強いほど目の過大視の錯視量が増すことを実証している。

1.3.2　服装の効果

　初対面の相手やまだよく知らない相手の場合，その人柄を知る手がかりとして服装などの外見的側面の比重が非常に大きくなります。人を外見で判断してはならないというのはだれもが思うはずですが，相手の内面を見ているつもりでありながら，じつは外見から内面を推測していることが多いものです。ゆえに，だれもが服装などの外見に気をつかうのです。実際，魅力的な服装がそれを着用する人物の印象を肯定的なものにすることが実証されています（レノン，1990; 永野と小嶋，1990）。

　高木（2010）は，大学生を対象に，相手がどのような服装だと友人関係を形成しやすいかについて調査を行っています。その結果，派手すぎない服装をあげる者が最も多く，2 位がカジュアルな服装，3 位が落ち着いた服装となっていました。

　レフコヴィッツたち（1955）は，服装が同調行動に与える影響について実験を行っています。それは，信号無視をして横断歩道を渡り始める人物の服装によって，同調して渡り始める人の比率が違うかどうかをみるものです。同じ男性が服装を替えることで 2 つの実験条件が設定されました。その結果，きちんとした服装の人物が信号無視して渡り始めた場合は 14％がつられて渡り始めたのに対して，だらしない服装の人物が信号無視して渡り始めた場合にはつられて渡り始めた者はわずか 4％しかいませんでした（表 1-9）。このような結果は，多くの人が，同調してよいかどうか，つまり信頼できる人かどうかを服装によって判断していることを表しています。

　シャボーたち（1974）は，同じ人物が服装を替えて通りがかりの人に道を尋ねるという 2 つの条件を設定し，実験を行いました。その結果，きちんとした服装をしているほうが，詳しく道順を教えてくれる人の比率がはるかに高くなることが示されました（表 1-10）。

　このような服装の効果を実証した実験結果からいえるのは，私たちは外見で人を判断するものではないと思いながらも，無意識のうちに外見を手がかりにして人の内面（信頼できる人かどうかなど）を推測しているということです。

表 1-9　**服装によって信号無視に影響される人の比率が違ってくる**
（レフコヴィッツたち，1955）

	サクラの服装	
	きちんとした服装	だらしない服装
サクラの行動		
信号遵守		
信号を守った人（%）	420 人（100%）	351 人（99%）
信号を無視した人（%）	1 人（100%）	3 人（ 1%）
信号無視		
信号を守った人（%）	250 人（86%）	276 人（96%）
信号を無視した人（%）	40 人（14%）	12 人（ 4%）

表 1-10　**服装によって道を尋ねたときの反応が違ってくる**（シャボーたち，1974）

	サクラの服装	
	きちんとした服装	だらしない服装
道を教えた		
簡単に道を教えた	4 人（ 6.7%）	13 人（21.7%）
詳しく道を教えた	31 人（51.7%）	23 人（38.3%）
道を教えなかった	25 人（41.7%）	24 人（40.0%）

対人魅力の心理

対人魅力の諸要因

　人を引きつける力を魅力といいますが，魅力を生む心理メカニズムを探るのが**対人魅力**の研究です。友人関係でも恋愛関係でも，「なぜ自分はあの人に引かれるのだろう？」「自分には人を引きつける力があるだろうか？」などといった疑問が湧くことがあるでしょう。そこで問題となるのが対人魅力を生む要因です。

2.1.1　身体的魅力の効果

　見た目で人を判断してはいけないと思いつつも，無意識のうちに見た目で判断してしまっていることが多いのは，すでに印象形成のところでみてきました。そのようなこともあり，対人魅力の要因の中でも最もわかりやすいのが**身体的魅力**です。容姿・容貌は，性格や能力などの内面的性質と違って，パッと見てすぐにわかるだけに，その魅力の効果については多くの研究が行われています。

　その種の研究の端緒を開いたのが，新入生歓迎パーティを利用したウォルスターたち（1966）の実験です。それは，アンケート用紙に記入すれば，コンピュータが相性をもとにピッタリの相手を選んでくれるというものでした。コンピュータが選んだ相手（実際はコンピュータは使われず，無作為にペアがつくられた）に対する好意度を評定させると，男女とも，相手の身体的魅力が高いほど好意度が高くなっていました。相手の性格など内面的なものはほとんど関係していませんでした。

　それでも当人は外見だけで判断しているつもりはないようです。なぜなら身体的魅力が高いと内面的魅力までが高く評価されることが多くの研究からわかっているからです（表2-1）。ミラー（1970）は，前もって外見の魅力度によって3段階に分類された写真を用いて，それぞれの人物を17個の形容詞で評定させる実験を行いました。その結果，男女ともに，写真の人物の外見的魅力度が高いほど，好奇心が強く，洗練されており，見る目があり，自信があり，意志が強く，幸せで，活発で，愛想が良く，率直で，まじめで，楽しみを求め，隠し事をせず，融通が利くなど，肯定的にみなされることがわかりました。デ

表 2-1　**身体的魅力が内面的魅力の推測に影響する**

身体的魅力度が高いほど，肯定的にみられる

好奇心が強い，洗練されている，見る目がある，自信がある，意志が強い，幸せ，活発，愛想が良い，率直，まじめ，楽しみを求める，隠し事をしない，融通が利く　　　　　などとみられやすい

社会的に望ましい性格
職業上の成功
結婚への適性
生活に満足

｝　などを想定しやすい

ィオンたち（1972）も，外見的魅力度によって3段階に分類された写真を用いて，写真の人物の印象を答えさせる実験を行いました。その結果，写真の魅力度が高いほど，社会的に望ましい性格をもち，職業上の成功を得ており，結婚への適性があり，生活に満足しているとみなされやすいことが示されました。

ランディとシーガル（1974）は，エッセイとそれを書いたとされる女性の写真を見せ，エッセイの出来栄えを評価させるという実験を行っています。そこでは，素晴らしい内容のエッセイとひどい内容のエッセイ，魅力的な女性の写真とあまり魅力的でない女性の写真が，それぞれ用意され，4通りの組合せで提示されました。その結果，同じエッセイでも魅力的な女性が書いたと思わされた場合のほうが高く評価されました。さらには，たとえひどいエッセイでも，それが魅力的な女性が書いたとされた場合は，魅力的でない女性が書いたとされる出来栄えの素晴らしいエッセイとほぼ同じくらい高く評価されたのです。

その後の研究でも，身体的魅力の高さが多くの肯定的な特性を連想させることが確認されています（イーグリーたち，1991）。このような知見は，まさに身体的魅力に関するステレオタイプが歴然と存在していることの証拠といえます。身体的魅力が高いことで有利になることがわかるため，ダイエットに励む人や化粧・服装に気をつかう人が多いのでしょう。

身体的魅力を身体の部分的要素によって解明しようという研究もあり，その典型が女性のウェストとヒップの比率＝WHR（west-to-hip ratio）と魅力度の関係についての研究です。シン（1993）は，図2-1のような12の体型図を男性に見せて，魅力度によって1位から12位まで順位づけしてもらいました。さらに，健康である，若く見える，セクシー，子どもを欲しがる，子どもをもつことができるなど，いくつかの性質について，最も当てはまる3つと最も当てはまらない3つを選んでもらいました。その結果，WHRが低いほど魅力的とみなされており，最も魅力的とみなされたのが体重が標準でWHRが0.7のN7でした。また，標準体重の4体型と低体重の4体型では，どの性質についてもWHRが低いほど評価が高くなっていました。

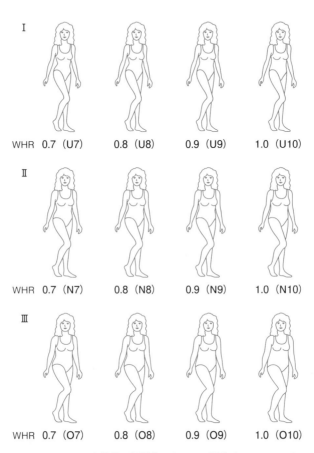

Ⅰ

WHR 0.7 （U7）　　0.8 （U8）　　0.9 （U9）　　1.0 （U10）

Ⅱ

WHR 0.7 （N7）　　0.8 （N8）　　0.9 （N9）　　1.0 （N10）

Ⅲ

WHR 0.7 （O7）　　0.8 （O8）　　0.9 （O9）　　1.0 （O10）

図 2-1　**WHR と体重で類型化した 12 の体型**（シン，1993）
U：やせすぎ，N：標準体重，O：太りすぎ。

2.1.2 近接の効果

　近接の効果とは，物理的に近くにいることが対人魅力を生むということです。

　シーガル（1974）が行った友人関係の調査によれば，名前の最初の文字がアルファベット順で近い者同士が親しくなっていました。それは，教室の座席が名前のアルファベット順で決まることが多いためでしょう。つまり，いつも近くにいることが魅力の要因となっているのです。日本であれば，あいうえお順で座席が決まることが多いため，名字の最初の文字があいうえお順で近い者同士が友だちになることが多いのではないでしょうか。

　フェスティンガーたち（1963）の大学の寄宿寮の調査では，全体の３分の２が同じ建物の住人を友人として選び，そのうちの３分の２は同じ階の住人を選んでいること，そして同じ階でもドアが３つ以上離れている者よりも２つ離れている者のほうが，さらにそれよりもすぐ隣に住む者のほうが，友人として選択されていることが確認されました。

　このような調査結果は，近接の効果の存在を裏づけるものといえます。

2.1.3 単純接触の効果

　単純接触の効果とは，ただ単に接触頻度が高いというだけで対人魅力が生じるというものです。

　たとえば，ベックネルたち（1963）が行ったストッキングを用いた実験では，新しいブランドのストッキングを紹介するということにして，４種類の架空のブランド名がスライドで映写されました。映写回数は，ブランドによってそれぞれ１回，４回，７回，10回のいずれかに割り振られました。映写終了後に，各ブランド名のついた箱を並べ，実験に協力してくれたお礼として好きな箱から一足持ち帰ってもらいました。箱の中のストッキングは，じつはどれも同じだったのですが，映写回数が多かったブランド名の箱のストッキングほど減っていました。

　ザイアンス（1968）は，英語の無意味つづりや漢字を刺激として用い，すべての刺激が映写回数0，1，2，5，10，25という６つの条件を経験するようにして，各刺激の好感度を評定してもらうという実験を行っています。その結果，

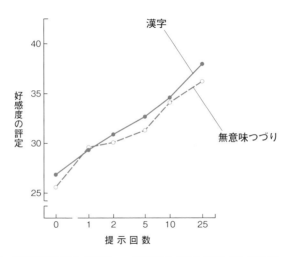

図 2-2　接触頻度と魅力の関係——無意味つづりと漢字（ザイアンス，1968）

どの刺激も映写回数が多いほど好感度が高くなっており，映写回数ごとの好感度の平均値も映写回数に比例して高くなっていました（図 2-2）。

2.1.4　類似性の効果と相補性の効果，快適環境の効果

　自分に似ている相手に対して魅力を感じやすいというのが類似性の効果，自分と正反対の性質をもつ相手に対して魅力を感じやすいというのが相補性の効果です。

1.　態度の類似性の効果

　バーンたちの多くの研究によって，態度の類似性が高いほど相手の魅力度が高まるという直線的な関係が証明されています（図 2-3）。この場合の態度というのは，ものの見方・考え方，いわゆる価値観を指します。

　ニューカム（1956）は，大学の学生寮に新たに入った新入生を対象に，交友関係の追跡調査をしています。その結果，はじめのうちは同室の者や部屋の近い者が親しい相手として選ばれましたが，しだいに態度の類似性の効果が威力を発揮し始めることが確認されました。つまり，近接の効果や単純接触の効果によって親しくなった者も，態度の類似性が高い場合はより親密な関係に進展していくのに対して，態度の類似性が低いと徐々に疎遠になっていくことが多かったのです。

2.　態度の類似性が対人魅力を高める理由

　態度の類似性が対人魅力の強力な要因になるのは，それが心埋的報酬をもたらすからです。では，態度が似ていることは，どのような形で心理的報酬となるのでしょうか。態度の類似性が心理的報酬になる理由として，以下のようなことが考えられます。

　第 1 に，態度が似ていれば，自分のものの見方や考え方の妥当性に自信がもてるということがあります。人は自分のものの見方や考え方が正しいかどうか不安に思うものですが，似たようなものの見方や考え方をする人がいると，「これでいいんだ」と安心することができます。

　第 2 に，態度が似ていれば一緒に活動しやすいということがあります。たとえば，趣味や好み，ライフスタイルが似ている場合は，行動を共にしやすいし，

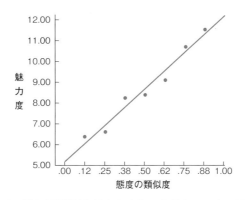

図 2-3 **態度の類似性と魅力度**（バーンとグリフィット，1966）

一緒に楽しむことがしやすいというメリットがあります。

　第3に，態度が似ていれば相手の行動を予測しやすいということがあります。行動が予測できない相手とのつきあいには不安が伴いますが，行動が予測しやすい相手なら安心してつきあえます。

　第4に，態度が似ていれば認知的バランスがとれるため，好意的関係になりやすいということがあります（これに関しては，第5章5.2.3項を参照）。

3．性格の相補性の効果

　態度でなく性格については，類似性の効果が働く場合と相補性の効果（正反対の者同士が引き合ったり，補い合ったりする）が働く場合があり，一貫した結果は得られていません。たとえば，支配性が高く引っ張っていきたい人物は，同じく支配性の高い相手より，ついていくのを好む依存的な相手とうまくいきやすいだろうし，世話をするのが好きな人物は，同じく世話好きの相手より，世話をしてもらうのが好きな相手とうまくいきやすいでしょう。そこでは相補性の効果が働くと考えられますが，誠実な人物は不誠実な相手とうまくいきやすいとか，協調性の高い人物は協調性の乏しい相手とうまくいきやすいなどということはないでしょう。このように，性格に関しては，類似性の効果が働くこともあれば，相補性の効果が働くこともあります。どちらが作用するかはその性質によるといってよいでしょう。

4．快適環境の効果

　グリフィット（1970）は，態度の類似性と部屋の快適さを組み合わせた実験をしています。態度の類似性については，全体の質問項目のうち25％一致する相手と75％一致する相手が設定されました。部屋の快適さについては，室温19.7℃で湿度30％の快適な部屋と，室温31.9℃で湿度60％の不快な部屋が用意されました。そして，それぞれの部屋で知らない人物の態度に関する情報だけ見せて，その人物の魅力度を評定してもらったところ，どちらの部屋でも態度の類似性が高いほど魅力度が高くなっていました。さらに，類似性が高くても低くても，不快な部屋で評定した場合よりも快適な部屋で評定した場合のほうが魅力度が高くなっていました（図2-4）。

　この実験では，態度の類似性の効果が確認されたのに加えて，快適環境の効

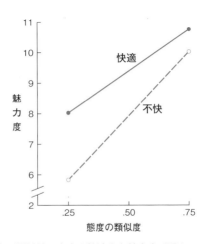

図 2-4　**態度の類似性，室内の快適さと魅力度**（グリフィット，1970）

果の存在も明らかにされました。たとえば，心地良いのは物理的環境のせいな
のに，つい相手に対して好意的な評価をしてしまうのです。デートやお見合い
に際して，眺望や雰囲気などを気にかけ，快適な場所や店を選ぼうとするのも，
快適な環境が対人魅力に及ぼす影響を前提としたものといってよいでしょう。

2.2 情動の2要因説による魅力感受の心理メカニズム

　シャクターとシンガーは，何らかの情動が生じるためには生理的喚起が必要
だが，それを引き起こした原因を自分の置かれた状況に求めるという，生理と
認知の2要因から情動体験を説明する情動の2要因説を唱えました。それに
よれば，生理的喚起を引き起こした原因を何に求めるかによって経験される情
動が違ってきます。たとえば，生理的喚起に気づいたとき，それに怒りという
ラベルを付けると腹が立ってきますが，恋心というラベルを付けると恋愛感情
が湧いてくるということになります。

　そのことを証明するために，薬物で生理的喚起を引き起こし，状況を操作す
ることで愉快な感情を生じさせる実験を行っています。シャクターとシンガー
（1962）は，エピネフィリンという興奮剤を注射し，「手が震えたり，胸がドキ
ドキしたり，顔が火照ったりという副作用が15〜20分くらい続くことがある」
と正しい副作用情報を与えた場合（条件1），副作用情報を与えない場合（条
件2），「足の感覚が麻痺したり，身体の各部位がちくちくかゆくなったり，軽
い頭痛がしたりすることがある」と偽の副作用情報を与えた場合（条件3），
そしてエピネフィリンでなく食塩水注射をした場合（条件4）を設定しました。
注射を受けた後，待合室で待たされますが，待合室にいるサクラたち（実験を
受けている人物は，自分と同じく実験を受けている仲間だと思い込む）が上機
嫌にはしゃいでいます。その後で気分を測定すると，条件2や条件3では上機
嫌の度合いが高く，条件1や条件4ではとくに上機嫌にならないことが示され
ました（表2-2）。ここで重要なのは，つぎのような点です。

1. 生理的喚起を説明する直接的な手がかりがないとき，周囲の状況を手がか
りにして，自分の生理的喚起状態に名前をつける。

表 2-2　**生理的喚起と偽物の「愉快な気分」**（シャクターとシンガー，1962）

条　　件	人数	愉快さの自己評定
1.　生理的喚起/副作用情報あり	25	0.98
2.　生理的喚起/副作用情報なし	25	1.78
3.　生理的喚起/偽の副作用情報	25	1.90
4.　生理的喚起なし	25	1.61

（高得点ほど愉快な気分）

　条件2や条件3では，自分がなぜ生理的喚起状態にあるのかがわからないため，周囲の自分と同じ立場にある人たちが上機嫌にしていると，それを手がかりに「自分は愉快なんだ」と思い，自分の生理的喚起状態に愉快という感情の名前をつけることで愉快な気分になる。

2. 生理的喚起に適切な説明がつく場合は，自分の状態を評価しようという欲求は生じないため，周囲の手がかりを参考にすることはない。

　条件1では，自分の生理的喚起が注射のせいだとわかっているため，とくに感情の名前をつけることはないので，感情は生じない。

3. 生理的喚起が生じなければ，情動が経験されない。

　条件4では，生理的喚起が生じないため，何ら感情は生じない。

　以上よりわかるのは，生理的喚起状態を引き起こし，その原因に気づかれないようにすれば，状況の設定の仕方しだいで特定の感情を生じさせることができるということです。

　ダットンとアロン（1974）は，恐怖で生理的喚起を引き起こし，状況を操作することで，性的に興奮させ，目の前の異性に対する性的関心を生じさせるという実験を行っています。その実験は，深い峡谷のはるか上方に架けられたすぐに揺れる不安定な吊り橋で行われました。吊り橋の長さは140 mほどもあり，70 mほど下にゴツゴツした岩場が見えます。その吊り橋を1人で渡ってくる男性が渡り終える前に女性の実験者が近づき，TAT（主題統覚検査）の1枚の図版を見て簡単な話を創作する実験にその場で協力してほしいと頼みます。物語ができたら，「今は時間がないけれども，結果について詳しい説明を聞きたければ，電話してください」と言って名前と電話番号を記して渡します。コントロール群としては，吊り橋を渡り終えて10分以上経過し，公園のベンチに座ったり，公園の中をぶらぶらしている男性を選び，同じくTAT図版を用いた実験への協力を求めます。

　この実験では，性的興奮や異性への性的関心の指標として，TATの図版を見て創作した話の内容分析（どの程度性的な内容が含まれているか）と電話をかけてきたかどうか（電話は女性に関心をもった証拠とみなす）を用いています。結果をみると，TATの内容でも電話をかけてきた人の比率でも，両群の

表 2-3　**吊り橋の恐怖と異性の魅力**（ダットンとアロン，1974）

	電話をかけてきた人の比率	性的興奮得点（TAT）
吊り橋の上	13/20	2.99
渡り終えて 10 分以上経過	7/23	1.92

間に有意差があり，吊り橋を渡っている最中の男性のほうが性的に興奮し，い
きなり声をかけてきた女性に関心を抱いたことがわかります（表2-3）。

2.3　気分が対人魅力に与える影響

2.3.1　気分一致効果

　気分と記憶との間には密接な関係があることがわかっています。そこで着目
したいのが記憶に関する気分一致効果です。**気分一致効果**とは，気分と一致す
る感情価をもつ内容が記銘されやすく，また想起されやすいという現象のこと
を指します。たとえば，嫌な気分のときは嫌な出来事が記憶に刻まれやすく，
楽しい気分のときは楽しい出来事が記憶に刻まれやすい，嫌な気分のときは嫌
な出来事を思い出しやすく，楽しい気分のときは楽しい出来事を思い出しやす
いということです。

　バウアーたち（1981）の記憶の気分一致効果に関する実験では，半数の人を
幸せな気分に，残りの半数の人を悲しい気分に浸らせるというように気分を操
作してから，幸せな人物と不幸な人物の2人が登場する，約1,000語からなる
物語を読ませ，翌日になって物語に描かれたエピソードを思い出させています。
その結果，再生量全体に違いはみられないものの，幸せな気分で読んだ人たち
は楽しいエピソードを多く思い出し，悲しい気分で読んだ人たちは悲しいエピ
ソードを多く思い出すというように，思い出す内容が明らかに気分によって方
向づけられていました（図2-5）。

2.3.2　気分と対人認知

　快適な環境のもとでは，不快な環境のもとにいるときよりも，相手の印象が
良くなるということは，すでに類似性の効果のところで紹介した実験でも示さ
れていましたが，それは相手に対して抱く印象が気分によって左右されること
を意味しています（図2-4参照）。グリフィット（1970）の実験によって得ら
れた，快適な部屋にいる人は不快な部屋にいる人よりも相手の魅力度を高く評
価するという結果は，気分によって着目する部分や重視する部分が異なるため

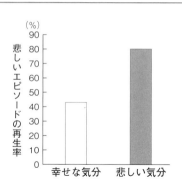

図 2-5　記憶の気分一致効果（バウアーたち，1981）

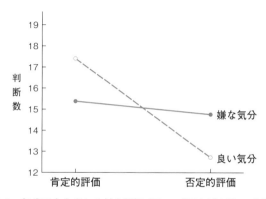

図 2-6　気分に左右される対人評価（フォーガスとバウアー，1987）

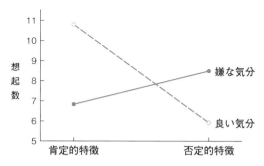

図 2-7　気分に左右される「相手について思い出す情報」
（フォーガスとバウアー，1987）

に生じるものと解釈することができます。これは，対人魅力における気分一致効果ということができます。

　フォーガスとバウアー（1987）は，適応状態や性格を測定する心理検査の偽のフィードバックにより，半数を良い気分に，残りの半数を嫌な気分になるように操作し，架空の人物の印象を評定する課題に取り組ませました。その結果，良い気分の者は否定的な評価より肯定的な評価のほうがはるかに多くなっていたのに対して，嫌な気分の者では肯定的な評価と否定的な評価の間にあまり差はありませんでした。そして，肯定的な評価は良い気分の者のほうが多く，否定的な評価は嫌な気分の者のほうが多くなっていました（図2-6）。

　さらに，その人物の特徴についてどれくらい思い出すことができるかを調べたところ，良い気分の者は否定的な特徴より肯定的な特徴のほうをはるかに多く思い出すのに対して，嫌な気分の者は肯定的な特徴より否定的な特徴のほうをやや多く思い出しました（図2-7）。気分によって思い出す内容が違うという記憶の気分一致効果が相手の印象に影響していることを示すデータといえます。

　このように，気分が対人認知に影響し，気分が良いことが相手の対人魅力を高めることが明らかになっています。

自己概念と自己評価

3.1　人間関係に規定される自己概念

3.1.1　鏡 映 自 己

　だれもが自分自身について何らかのイメージをもっているはずですが，それはどのようにして手に入れたのでしょうか。

　クーリー（1902）は，ジェームズの社会的自己の概念を継承・発展させましたが，自己というのはすべて社会的自己であり，それは他者の目に映ったものであるという意味で，**鏡映自己**と呼ぶことができると言います。鏡映自己の意味するところは，自分の容貌が顔を鏡に映さないとわからないように，自分の心の特徴も他人を鏡にしないとわからないということです。

　鏡映自己というものを前提とすると，私たちは人とのかかわりを通して，自分がどういう人間であるかを，つまり自己概念を知ることができるのです。ゆえに，人とのかかわりが乏しいと，自己概念もぼやけることになります。このことをさらに深く考えるために，自己の鏡像理解についてみてみましょう。

　ギャラップ（1977）は，チンパンジーの部屋に鏡を置いたときの反応を調べています。それによれば，はじめのうちは鏡像を他のチンパンジーとみなしているかのように鏡像に向かって跳びはねたり，声を出したり，威嚇したりといった社会的反応を示します。ところが，そうした反応は 2〜3 日で急減し，それに代わって直接見えない部分の毛繕いをしたり，歯の間にはさまった食べかすをほじくったり，鏡に向かっていろんな顔つきをするなどの自分自身に向けた反応が急速に増えていきました。

　さらに，チンパンジーの鏡像の自己認知が確かなものかどうかをはっきりさせるため，10 日間の実験で十分に鏡に慣れた 11 日目に，チンパンジーを麻酔で眠らせておいて眉毛や耳の上に無臭の赤い染料を塗り，鏡がないときと鏡を入れてからの反応を比較しました。その結果，赤いしるしのついた自分の身体の部分を触る反応は，鏡を置くことによって鏡がないときの 25 倍にも増えました（図 3-1）。このことは，チンパンジーが鏡像を自己の姿の反映だと理解している証拠といえます。

　ルイスとブルックス=ガン（1979）は，ギャラップと同じ方法を人間の子ど

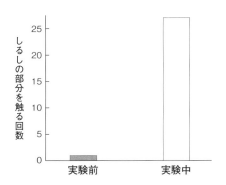

図3-1　**チンパンジーの鏡像認知**（ギャラップ，1977）

もに適用し，乳幼児の鼻の頭に赤いしるしをこっそりつけてから鏡の前に立た
せたときの反応について報告しています。それによれば，鏡に映った自己の像
を見て自分の鼻に手をもっていった者の比率は，9〜12 カ月児では 0％でした
が，15〜18 カ月児では 25％，21〜24 カ月児になると 75％になりました。これ
は，2 歳になる頃から鏡像の自己認知がしっかりとできるようになることを示
唆するものといえます。

　さらに，ギャラップは，先ほどの実験と同じく，チンパンジーの顔に赤いし
るしをこっそりつけて，鏡のある部屋に一匹ずつ入れました。その際，生後間
もなく隔離して育てられたチンパンジーと，仲間と一緒に育ったチンパンジー
の反応を比較しました。その結果，隔離され，他者認知の経験をもたないチン
パンジーは，鏡像の自己認知が困難であることがわかりました（図 3-2）。こ
こから示唆されるのは，鏡像の自己認知ができるようになるためには，仲間と
の視線のやりとりを十分に経験していることが必要だということです。

　このような鏡像実験は，私たちが自己概念を獲得する心理メカニズムに関し
て大きなヒントを与えてくれます。つまり，周囲の人たちとのやりとりを通し
て，「他の人たちから見ると，自分はこんなふうに見えるんだ」ということが
わかるのは，身体面の自己概念についてだけ当てはまるのではなく，性格的特
徴などの内面に関する自己概念にも当てはまると考えることができます。鏡映
自己という概念には，そのような意味が含まれているのです。

3.1.2　他者による承認

　アイデンティティという概念を心理学に導入し，その発達を心理学的に探究
したエリクソンは，アイデンティティに関して，「自我が特定の社会的現実の
枠組みの中で定義されている自我へと発達しつつある確信」（エリクソン，
1959 小此木訳編 1973）であり，その感覚を自我同一性と呼びたいとしていま
す。さらに，「その主観的側面からみると，自我同一性とは，自我のさまざま
な総合方法に与えられた自己の同一と連続性が存在するという事実と，これら
の総合方法が同時に他者に対して自己がもつ意味の同一と連続性を保証する働
きをしているという事実の自覚である」と言います。もう少しわかりやすくい

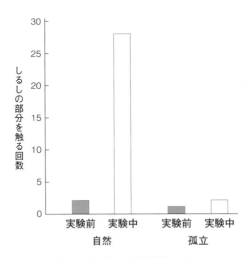

図3-2　**自然/孤立チンパンジーの鏡像認知**（ギャラップ，1977）

表3-1　**アイデンティティの感覚の3つの側面**

1. 自分というまとまりがあり，それが時間的に連続性を保っているという感覚。
2. そのような自分らしさを他者も認めているという感覚。
3. 自分が社会的役割を担う存在になっているという感覚。

えば，エリクソンの言うアイデンティティの感覚には，表3-1にまとめた3
つの側面があるといってよいでしょう。

　ここで注目すべきは，表の2と3です。これらがアイデンティティ確立の条
件として他者からの承認が必須だということ，それには集団の中で何らかの役
割を引き受けることが必要であることを示しています。他者からの承認は，所
属する集団において何らかの役割を引き受けることで手っ取り早く得ることが
できます。このあたりの事情について，アイデンティティの発達を研究してい
るクロガーは，つぎのように述べています。

　「エリクソンにとって，アイデンティティの最適な発達は，コミュニティの
中に個人の生物学的・心理的能力および関心によく『フィットした感じ』を与
える社会的役割や適所を見つけることを含むものである。」（クロガー，2000
榎本編訳 2005）

　つまり，所属する集団の中で，自分の能力や関心によくフィットした役割や
居場所が見つかったとき，アイデンティティが確立されたことになるというわ
けです。社会的存在である私たちにとって，他者から承認が得られるような自
分らしい役割を獲得することが，何よりも重要な課題となるのです。このとこ
ろ承認欲求に振り回される人が目立ちますが，それは自分のアイデンティティ
のつかみどころのなさゆえに不安定になっている人が多いことを示唆するもの
といってよいでしょう（コラム 3-1）。菅原（1986）は，承認欲求を賞賛獲得
欲求と拒否回避欲求に分けていますが，とくに後者の否定的な評価を避けたい
という思いが対人不安（第5章参照）を高めることが示されています（笹川と
猪口，2012; 佐々木たち，2001）。

　他者による承認が得られているという自信があれば，人の態度や言葉を冷静
に受けとめることができても，自信がないと人の態度や言葉を否定的な方向に
歪めて認知する心理傾向があるようです。キャンベルとフェール（1990）は，
初対面の人同士をペアにして15分間会話をしてもらい，その後でそれぞれ相
手の人物の性格について評価させるとともに，相手がこちらの性格についてど
んな評価をしたかを推測させています。その際，心理検査を使って，それぞれ
の人物の自己評価が測定されました。その結果，自己評価の高い者，つまり自

コラム3-1 承認欲求に振り回される

　アルバイト店員がネット上に悪ふざけした写真や動画を投稿し，それが炎上して店や企業に多大な迷惑をかける。そのような行為が相次ぎ，「バイトテロ」という言葉まで生まれましたが，そうした行為も承認欲求に駆り立てられたものとみなすことができます。

　アルバイト先の飲食店の商品や食器を使い，ふざけたポーズを取っているところを自撮りしてネット上に投稿し，不衛生だと炎上する。

　食品が収納された冷蔵庫の中に入ったり，冷凍ケースのアイスクリームの上に寝そべったりしている様子を友だちに撮ってもらい，ネット上に投稿し，不衛生だとして炎上。

　このような事件が後を絶ちません。（中略）

　ネット上に投稿すれば身元がバレ，罪を問われるのがわかっているのに，なぜそんな投稿をしてしまうのでしょうか。それは，承認欲求によって冷静な判断力を失っていたからに他なりません。（中略）ネット上に投稿すれば自分だとバレてしまう。でも，自分だとわかってもらえなければ承認欲求が満たされない。そこで危険を冒してでも投稿してしまう。それほどまでに承認欲求に駆り立てられているのです。

　そのような炎上事例を見て，その愚かさに呆れながらも，仲間の投稿に対抗心を燃やして自慢気な投稿をしている自分がいて，自分も例外ではなかったと気づき，承認欲求の凄まじい威力を感じたという人もいます。

（榎本博明『承認欲求に振り回される人たち』クロスメディア・パブリッシング）

分に自信のある者は，相手からどのように評価されているかをほぼ正確に推測していました。それに対して，自己評価の低い者，つまり自分に自信のない者は，相手による評価を実際以上に低めに見積もる傾向がみられました（図3-3）。自信がないと他者の視線をネガティブな方向に歪めて認知してしまうのです。

3.1.3　自己概念の場面依存性

　だれと一緒にいるかによって自分の様子が違ってくるというのは，だれもが日常的に経験していることなのではないでしょうか。

　マーカスとワーフ（1987）は，自己概念として意識されるものがその時々で変動することに着目し，自分についてのさまざまな知識のうち活性化されているものを作業自己概念と呼んでいます。それによれば，場面によって活性化される自己概念が異なるということになります。

　ジェームズ（1892）は，人は自分を知っている人の数だけ社会的自己があるが，同じ集団に属する人たちからは似たようなイメージをもたれているであろうから，人は所属する集団の数だけ社会的自己をもつとしました。

　これに関しては，キルシュトロームとキャンター（1984）が文脈の中の自己という観点から，一人でいるときの自己と他者と一緒にいるときの自己，知人と一緒にいるときの自己と見知らぬ人と一緒にいるときの自己，家族と一緒にいるときの自己と友だちと一緒にいるときの自己と仕事仲間と一緒にいるときの自己など，文脈によって自己のあり方が違うといった仮説を立てています。

　榎本（1993）は，家族と一緒のとき，とくに仲の良い友だちと一緒のとき，好きな異性と一緒のときという３つの場面を設定し，各場面における自己概念を測定しています。そして，だれの前にいる自分かによって自己概念が異なることを示し，自己概念の場面依存性という概念を提唱しました（表3-2）。

　とくに相手に合わせて自分の出方を決めるのが一般的である日本文化のもとでは，だれといようと一定不変の自己などというものは存在しません。具体的な場面が決まることで，はじめて自己が明確な形をとることができるのです。それについては，榎本（1987b）が，自分を指す代名詞である自称詞を取り上

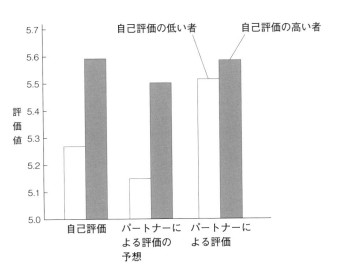

図 3-3 自己評価の高低と相手による評価の予想（キャンベルとフェール，1990）

表 3-2 自己概念の場面依存性——場面により自己概念が変動する
（榎本，1993，2002）

	家族・友人間 平均（標準偏差）	家族・異性間 平均（標準偏差）	友人・異性間 平均（標準偏差）	3場面間 平均
第1因子 積極性	2.92（2.20）	3.21（2.01）	2.47（1.98）	8.60
第2因子 明るさ	2.36（1.89）	2.81（2.01）	2.20（1.91）	7.37
第3因子 内気とぎこちなさ	2.62（2.07）	3.74（2.74）	2.80（2.08）	9.16
第4因子 やさしさ	2.26（1.68）	2.97（2.05）	1.79（1.60）	7.02
第5因子 繊細さ	2.56（1.93）	3.11（2.23）	2.27（1.95）	7.94
第6因子 強情さ	3.09（2.20）	3.34（2.20）	2.23（1.73）	8.66
第7因子 怠慢と気短	3.06（2.06）	4.02（2.26）	2.32（1.87）	9.40
第8因子 自己顕示性	1.62（1.38）	1.90（1.63）	1.40（1.37）	4.92
第9因子 勝ち気	2.02（1.59）	2.12（1.56）	1.53（1.29）	5.67
第10因子 もろさ	2.05（1.45）	2.44（1.61）	1.44（1.30）	5.93
第11因子 おおらかさ	1.45（1.42）	1.79（1.40）	1.23（1.20）	4.47

げて，場面によってそれが自在に変動することを説明しています（コラム 3-2）。

自己概念の諸相

3.2.1 自己概念の多面性と多次元性

　自分の特徴はどんなところにあるのだろうかと自問するとき，問いを発する自己があると同時に，俎上に載せられ点検される自己もあります。自分自身を見つめ，自分について思いをめぐらすとき，私たちは「見る自己」と「見られる自己」に引き裂かれているといえます。

　ジェームズ（1892）は，心理学草創期に著した『心理学原理』において，このような自己の二重性を指摘し，自己を「知る主体としての自己」と「知られる客体としての自己」に分けてとらえようとしています。

1. 自己概念の多面性

　ジェームズ（1892）は，客体としての自己を物質的自己，社会的自己，精神的自己に分けています。物質的自己には，身体，衣服，家族，家，財産が含まれます。社会的自己は，かかわりのある人たちがこちらに対して抱いているイメージのことです。精神的自己というのは，本人の意識状態，心的能力，心的傾向などのことです。

　ジェームズが身体や家族を物質的自己としていることなどに疑問をもつ榎本（1982）は，物質的自己から身体的自己や血縁的自己を分離させ，さらに精神的自己から実存的自己を分離させて，客体的自己，すなわち自己概念を 11 側面からとらえるモデルを提唱しています（図 3-4）。

　教育心理学的な観点から自己概念の検討を行っているシャベルソンたち（1976）の自己概念モデルでは，自己概念はまず大きく学業的自己概念と非学業的自己概念に分けられ，後者はさらに社会的自己概念，情動的自己概念，身体的自己概念の 3 つに分けられています（図 3-5）。

　自己概念のとらえ方はさまざまですが，多面的に把握する必要があるという点には疑問の余地はありません。たとえば，自分の知的能力についてどう見ているか（精神的自己概念の知的側面あるいは学業的自己概念），自分の情緒面

コラム3-2　具体的な場面規定によってはじめて自己が形をとる

　日本語では（中略）その場その場で規定される「私」，「僕」，「俺」などがあるだけである。つまり，まず先に関係のネットワークで構成された場があり，そこに相手を定位し，それによって初めて自己規定が可能になるのである。対象の規定が自己の規定の先行条件であるから，対象依存的自己規定といえる。具体的な相手が現れない限り，話し手の自己は言語的には未定の空白状態に置かれる。自称詞および対称詞が決まることによって，ことばづかいを含めて，両者の関係にふさわしい態度や行動をとることができるようになるのである。
（榎本博明「自己開放性と適応——仮面と自己をめぐって」島田一男（監修）『講座　人間関係の心理6　性格と人間関係』ブレーン出版，所収）

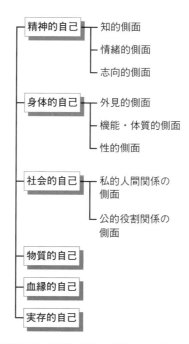

図3-4　**自己概念の多面性に関する榎本のモデル**（榎本，1982）

の特徴についてどう見ているか（精神的自己の情緒的側面あるいは情動的自己概念），自分の身体的特徴についてどう見ているか（身体的自己（概念）），友人関係面の特徴についてどう見ているか（社会的自己の私的人間関係の側面あるいは社会的自己概念），自分の職業適性や職業上の役割についてどう見ているか（社会的自己の公的役割関係の側面あるいは社会的自己概念），家族関係についてどう見ているか（血縁的自己概念）というように，自己概念を多面的に検討することになります。

2. 自己概念の多次元性

　自己概念の主要な次元としては，記述次元と評価次元をあげることができます。自分自身の様相をそのまま記述したものが記述次元，自分自身の様相に対して何らかの評価を加えたものが評価次元です。

　たとえば，自分は 20 代の男性である，大学生である，心理学を専攻している，野球部に所属している，長髪である，眼鏡をかけている，などが自己概念の記述次元です。一方，自分は学校の成績が良い，数学が苦手，運動神経が良い，走るのが速い，背が高い，太っている，社交が苦手など，自分についての評価が自己概念の評価次元です。

　自己概念の次元としては，これらの他に感情次元，重要視次元，可能次元などを想定することができます（榎本，1998；図 3-6）。

　たとえば，男性であることが嫌である，成績が良いことを誇りに思っている，数学が苦手なことに劣等感をもっている，運動神経の良さが自慢である，太っていることに引け目を感じている，社交が苦手な自分が嫌などというのが，自己概念の感情次元です。数学が苦手でも，運動神経が鈍くても，太っていても，社交が苦手でも，べつに引け目を感じることもなく，そんな自分が嫌だということもないという人もいるでしょう。そこで，評価次元と感情次元の区別が意味をもつわけです。

　このような感情次元は，何を重要視するかと深くかかわっています。たとえば，勉強ができることに価値を置いているのに勉強の成績が良くなければ，そんな自分が嫌だといった感情が湧くでしょう。一方，社交能力にあまり価値を置いていなければ，社交が苦手な自分に引け目を感じることはないでしょう。

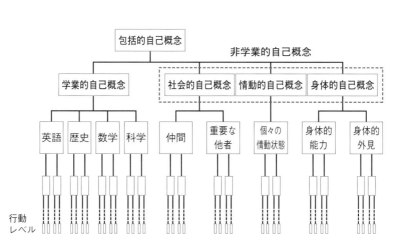

図 3-5　**自己概念の多面性に関するシャベルソンのモデル**
（シャベルソンたち，1976; 榎本，1998）

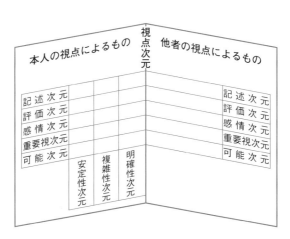

図 3-6　**自己概念の次元**（榎本，1998）

重要視する側面における低い評価は否定的な感情反応を生じさせますが，さして重要視していない側面における低い評価はとくに感情反応を引き起こすことはありません。そこで，自己概念の重要視次元を考慮する必要があるのです。

　時間軸との関係において必要となるのが，自己概念の可能次元です。将来の自己像に対する理想や予想として，「こんなふうになっていたい」「こんなふうになっているのではないか」などと想定するのが，自己概念の可能次元ということになります。

3.2.2　可能自己

1.　可能自己とは

　今ここにある自己を現実自己とすると，未だ実現していない未来の自己を可能自己と呼ぶことができます。可能自己とは，なるだろう自己，なりたい自己，なることを恐れている自己などを指し，自己についての認知と動機づけをつなぐものとみなせます（図 3-7）。可能自己という概念を提唱したマーカスとニューリアス（1986）によれば，可能自己とは，より具体的には，成功している自己，創造的な自己，裕福な自己，細身の自己，愛されている自己，賞賛されている自己のように，そうなりたいと望まれている自己であったり，独りぼっちの自己，憂うつな自己，無能な自己，アルコール依存症の自己，失業した自己，浮浪者の自己のように，そうなることを恐れられている自己であったりします。このような可能自己は，自己についての希望，目標，野心，空想，心配，脅威などの認知的な表明であると同時に動機づけられた自己概念といえます。

　マーカスとニューリアスは，可能自己として，良い自己，悪い自己，期待されている自己，恐れられている自己，本来の自分でない自己，理想自己，義務自己などをあげています（図 3-8）。この中の理想自己や義務自己と現実自己との関係に焦点づけているのが，ヒギンズの自己不一致理論です。

2.　可能自己の役割

　ヒギンズ（1987）が提唱した自己不一致理論においては，現実自己と理想自己との一致あるいは不一致と現実自己と義務自己との一致あるいは不一致が区別されます。その前提としてヒギンズは，以下の３つの基本的な自己を仮定し

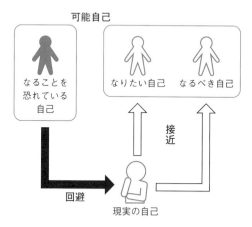

図 3-7　**現実自己を動機づける可能自己**（榎本，1998）

図 3-8　**マーカスとニューリアスによる可能自己の諸相**（榎本，1998）

ています。

①現実自己……自己あるいは重要な他者がその人物が実際に所有していると信じている属性についての本人による表象。

②理想自己……自己あるいは重要な他者がその人物に理想としては所有していてほしいと望んでいる属性についての本人による表象。

③義務自己……自己あるいは重要な他者がその人物が所有すべきであると信じている属性についての本人による表象。

　自己不一致理論では，私たちは現実自己が理想自己あるいは義務自己に一致した状態を達成するように動機づけられていると仮定します。その際，自己に対する視点についても，つぎの2つの基本的視点を区別します。

①本人自身の視点。

②重要な他者（母親，父親，親しい友人など）の視点。

　現実自己，理想自己，義務自己のそれぞれに関して，本人自身の視点を想定したものと重要な他者の視点を想定したものがあるので，全部で6つの自己表象があることになります。自己不一致理論において，自己不一致の基準として用いられるのは自分自身の視点による現実自己です。これと自分自身の視点や重要な他者の視点による理想自己との不一致，あるいは自分自身の視点や重要な他者の視点による義務自己との不一致が果たす機能が検討されます。

　現実自己と理想自己の不一致とは，自分自身から見た現実自己が，自分自身がそうありたいと望んでいる理想自己に合致しない状態，あるいは重要な他者がこちらにそうあってほしいと望んでいる理想自己に合致しない状態を指します。望むような結果が得られていないことによって，前者では失望や不満（自分自身の掲げる理想自己との不一致により生じる感情）が生起し，後者では恥やばつの悪さ（重要な他者による理想自己との不一致により生じる感情）が生起します（図3-9）。

　現実自己と義務自己の不一致とは，自分自身から見た現実自己が，自分自身がそうあらねばならないと信じている義務自己に合致しない状態，あるいは重要な他者がそうあるべきと信じている義務自己に合致しない状態を指します。この種の不一致は罪の意識や罰の予期を刺激するため，前者では罪悪感（自分

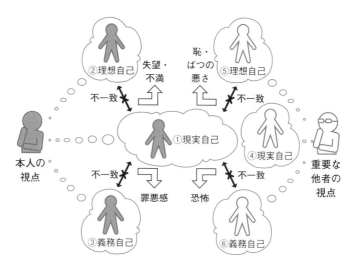

図 3-9　**自己不一致理論の 6 つの自己表象と不一致で生じる感情**（榎本，1998）

自身の掲げる義務自己との不一致により生じる感情）が生起し，後者では恐怖
（重要な他者による義務自己との不一致により生じる感情）が生起します。

　このような自己不一致のタイプと不快感情の種類の対応に関しては，ヒギン
ズたちによりそれを支持するデータが得られています（ヒギンズたち，1985,
1986; ストローマンとヒギンズ，1987）。

　以上に示したのは，現実自己と可能自己との不一致です。これに対して，可
能自己同士の不一致もあります。理想自己や義務自己といった現実自己を導く
自己指針間の不一致です。自己指針間の不一致には，自分自身がこうなりたい
と望んでいる理想自己と自分自身がこうなるべきと自分に課している義務自己
との不一致，自分自身が望んでいる理想自己と両親から突きつけられている義
務自己との不一致，両親から突きつけられている義務自己と親友から期待され
ている理想自己との不一致など，さまざまなタイプの不一致があります。この
ような理想自己と義務自己との不一致だけでなく，理想自己同士の不一致や義
務自己同士の不一致もあります。たとえば，自分自身が望んでいる理想自己と
両親が期待している理想自己との不一致や，母親が突きつけてくる義務自己と
配偶者が突きつけてくる義務自己との不一致などもあります（図3-10）。

　こうした自己指針間の不一致により生じる感情に関しては，フックとヒギン
ズ（1988）により，自己指針間の不一致が不確かさの感じや混乱感と結びつい
ていることが確認されています。

3.3　自己評価

3.3.1　基本的欲求としての自尊欲求と承認欲求

　自分自身を肯定的に評価したい，それによって自尊心を保ちたいというのは，
人間の基本的な欲求の一つといえます。マズローによれば，人はだれでも自己
に対する高い評価や自尊心，他者による承認・尊重に対する欲求をもちます。
マズローは，この欲求を2つに分類しています。一つは，強さ，業績，妥当性，
熟練，資格，世の中に対して示す自信，独立と自由などに対する欲求です。も
う一つは，評判，名声，地位，他者に対する優勢，他者からの関心や注目，他

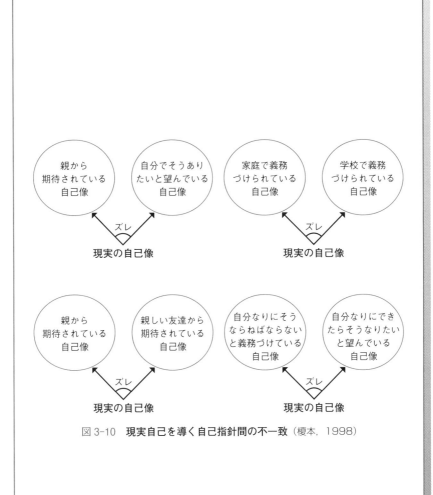

図 3-10　**現実自己を導く自己指針間の不一致**（榎本，1998）

者からの理解などに対する欲求です。これらは自尊欲求と承認欲求とみなすことができます。

　SNS によりだれもが自分の思いや意見を発信したり，自慢の写真を投稿したりできるようになり，「見られる自分」を強く意識するようになったため，承認欲求に振り回される人が目立ちますが，その背景として，満たされない自尊欲求や承認欲求があると考えられます（榎本，2021）。

3.3.2　自己評価維持モデル

　自尊と承認の欲求によって，私たちは自己評価をいかに高めるか，そして自己評価の低下をいかに防ぐかに腐心します。このような心理メカニズムは，テッサーの自己評価維持モデルの枠組みに基づいて研究されてきました。

　自己評価維持モデルでは，私たちは自己評価を維持もしくは上昇させるような行動をとるとみなします。そして，対人関係を通して自己評価の上昇や低下を導く２つの心理過程として，比較過程と反映過程を設定します（テッサー，1988; テッサーとキャンベル，1982; テッサーたち，1984）。共に心理的に近い他者に対して生起する心理過程ですが，身近な人物の優れた属性や業績との比較によって自己評価が低下したり，身近な人物の劣った属性や業績との比較によって自己評価が上昇したりするのが比較過程です。反対に，身近な人物の優れた属性や業績の栄光に浴して自己評価が上昇するのが反映過程です。

　どちらの心理過程が活性化されるかに影響するのが，そのときに問題となっている属性や業績への本人の関与度です。関与度が高い，つまり自己概念にとって重要とみなされる属性や業績の場合は，比較過程が活性化されやすく，身近な人物の優れた属性や業績との比較は自己評価の低下を招きます。これに対して，関与度が低い，つまり自己概念にとってたいして重要でない属性や業績の場合は，反映過程が活性化されやすく，身近な人物の優れた属性や業績の栄光に浴して自己評価は上昇します（図 3-11）。

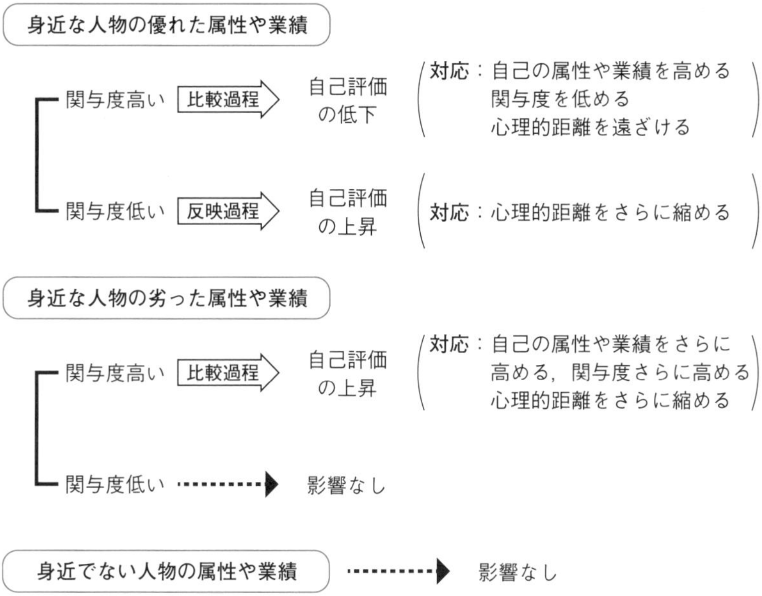

身近な人物の優れた属性や業績

関与度高い　比較過程　自己評価
　　　　　　　　　　　の低下　　対応：自己の属性や業績を高める
　　　　　　　　　　　　　　　　　　　　関与度を低める
　　　　　　　　　　　　　　　　　　　　心理的距離を遠ざける

関与度低い　反映過程　自己評価
　　　　　　　　　　　の上昇　　対応：心理的距離をさらに縮める

身近な人物の劣った属性や業績

関与度高い　比較過程　自己評価
　　　　　　　　　　　の上昇　　対応：自己の属性や業績をさらに
　　　　　　　　　　　　　　　　　　　　高める，関与度さらに高める
　　　　　　　　　　　　　　　　　　　　心理的距離をさらに縮める

関与度低い ‥‥‥‥▶　影響なし

身近でない人物の属性や業績　‥‥‥‥▶　影響なし

図 3-11　**自己評価維持モデルの心理メカニズム**（榎本，1998）

4

向社会的行動と攻撃行動

4.1　向社会的行動

4.1.1　向社会的行動

　向社会的行動とは，社会の規範に則った上で他者の利益のために行われる行動のことであり，親切な行動，思いやりのある行動，協力的な行動，人を助けようという行動などを指します。ただし，表面的には他者のための行動であっても，背後に利己的な意図が潜んでおり，真の向社会的行動ではない場合もあります。ニューマンとケイン（2014）は，慈善事業を行った人が利己的な動機をもっていることがわかると，とくに向社会的行動をとらなかった人よりも低く評価されることを確認しています。針原（2015）も，利己的動機が感じられると援助者に対する評価が否定的になることを示しています（表4-1）。

　向社会的行動としてわかりやすいのは，困っている人を助けようとする援助行動です。援助行動がどのような心理メカニズムによって促進され，また抑制されるのかについては，さまざまな知見が得られています。

4.1.2　援助行動

　援助行動の研究を推進するきっかけとなったのは，アメリカのニューヨークで起きたキャサリン・ジェノベーゼ事件です。深夜に帰宅したキャサリンは，アパートの傍の駐車場に車を停め，アパートの入口に向かって歩いているところを暴漢に襲われました。大声を上げたため，周囲のアパートの多くの部屋の電気がつき，窓が開きました。それで暴漢はひるみ，一時退散しました。ところが，暴漢がまた現れ，入口に向かうキャサリンを再び刺しました。叫び声を聞いて，またアパートの部屋の電気がつき，窓が開いたため，暴漢はまた退散しました。傷の痛みに耐え，必死に這いながらアパートの入口に向かうキャサリンでしたが，3度戻ってきた暴漢にとどめを刺され，絶命しました。それを見た人が警察に通報すると，2分ほどでパトカーが来ました。後の調査によれば，周囲の窓から目撃していた人は38人もいたのに，だれも警察に通報しなかったのです。はじめに目撃した時点でだれかが通報すれば助かったはずなのに，だれも通報しなかったのです。そこに疑問をもった研究者が着目したのが，

表 4-1　**向社会的行動とは**

向社会的行動……社会の規範に則った上で他者の利益のために行われる
　　　　　　　行動のこと。

　　　　親切な行動
　　　　思いやりのある行動
　　　　協力的な行動
　　　　人を援助しようという行動　　など

ただし，利己的な意図が漂う場合は，否定的に評価される。
　　　慈善事業を行った人が利己的な動機をもっていることがわかると，
　　　とくに向社会的行動をとらなかった人よりも低く評価される。
　　　　　　　　　　　　　　　　　　　（ニューマンとケイン，2014）

　　　利己的動機が感じられると援助者に対する評価が否定的になる。
　　　　　　　　　　　　　　　　　　　　　　　　（針原，2015）

目撃者の人数と援助行動生起率の関係です。

　ダーリーとラタネ（1968）は，援助行動に関する多くの実験を行い，一緒に
いる人数が援助行動の生起を規定する重要な要因であることを発見しました。
彼らは，たとえば，1人でいるとき，2人でいるとき，5人でいるときという3
つの条件を比較した実験を行っています。結果をみると，援助行動の生起率は，
1人のときは85％，2人のときは62％，5人のときは31％となっていました。
援助行動が起こるまでの時間は，1人のときは52秒，2人のときは93秒，5
人のときは166秒となっていました（表4-2）。その場に居合わせる人数が多
くなるほど援助行動が起こりにくくなることが明らかです。

　なぜ，その場に居合わせた人の人数が多いほど援助行動が起こりにくいので
しょうか。そのような**傍観者効果**について，ラタネとダーリー（1970）は，責
任の分散やモデリングによって説明しました。その場に1人しかいなければ全
面的に自分の責任を感じざるを得ませんが，人数が多いと自分の責任を軽く感
じてしまいがちです。それが**責任の分散**です。また，たとえば道端で倒れてい
る人を見かけても，他の人がとくに援助行動に出ずに通り過ぎていくのを見て，
それでいいのだと思い通り過ぎてしまう，というようなこともあるかと思いま
す。それが**モデリング**です（表4-3）。

　先に紹介した事件でも，悲鳴を聞いて窓を開けた人が多かったため，だれか
が通報するだろうと思い，責任の分散が生じ，結局だれも通報しないといった
事態に陥ってしまったと考えられます。

　援助行動の促進要因としての共感性はつぎの節で解説しますが，困っている
人の状況や自分が援助しているところを想像することが援助行動を促進するこ
とがわかっています。たとえば，豊田たち（2021）は，自転車での転倒，落と
し物，大荷物などの援助行動誘発場面を設定し，それぞれの場面で自分が援助
をしている（あるいは，していない）様子を想像させたり，その人物の気持ち
を想像させたり，援助意図を測定したりしています。その結果，援助している
様子を想像した場合のほうが援助意図が高いこと，さらに想像した内容が鮮明
であるほど援助意図が高いことを証明しています。

　このような研究結果からいえるのは，困っている人を見ても援助行動を示さ

表 4-2　**一緒にいる人数と援助行動**（ダーリーとラタネ，1968）

一緒にいる人数	人数	援助行動の生起率 （％）	援助行動が起こるまでの時間 （秒）
1 人でいるとき	13	85	52
2 人でいるとき	26	62	93
5 人でいるとき	13	31	166

表 4-3　**人数が多いほど援助行動が起こりにくいのはなぜか？**

責任の分散……その場に 1 人しかいなければ全面的に自分の責任を感じざるを得ないが，人数が多いと自分の責任を軽く感じやすい。

モデリング……周囲の人の様子を見て，その真似をする。
たとえば，道端で倒れている人を見かけても，他の人がとくに援助行動に出ずに通り過ぎていくのを見ると，それでいいのだと思い通り過ぎてしまう。

ない人の場合，先にみた責任の分散やモデリングといった要因の他に，困っている人の状況や気持ちへの想像力が十分に働かないということもあるのではないでしょうか。これは，つぎの節の共感性の問題につながっていきます。

4.2　共感性

4.2.1　共感性の構成要素

　援助行動をはじめとする思いやりのある行動をとるには，相手の立場や気持ちに共感することが必要です。共感というのは日常的によく使われる言葉ですが，心理学において共感性は認知的側面と感情的側面の双方からとらえるのが主流となっています（図 4-1）。

　デイヴィス（1983）は，共感性の認知的側面を視点取得と空想でとらえ，感情的側面を共感的関心と個人的苦痛でとらえる心理尺度を作成しています。視点取得とは他者の視点に立って物事をとらえること，空想とは小説や映画の登場人物に自分を重ねることを指します。共感的関心とは他者に同情したり配慮したりすること，個人的苦痛とは援助が必要な場面で当事者のように苦しみを味わうことを指します（図 4-2）。

　共感性，とくに視点取得は，攻撃行動を抑制するように作用すると考えられます。たとえば，リチャードソンたち（1994）は，共感性が攻撃感情や対立的な反応と負の関係にあること，また相手の視点に立ってみるように言われた者はそうでない者より攻撃的な反応を示すことが少ないことを証明しています。さらに，ソーシャルスキルは周囲の人たちとうまくやっていくために大切なものですが，視点取得がソーシャルスキルと関連することや（谷田と山岸，2004），人と親しくかかわりたいという親和動機が高い場合に視点取得がソーシャルスキルを促進することが確認されています（藤原たち，2019）。ここから人とうまくやっていくには視点取得が重要となることがわかります。

4.2.2　やさしさの変容

　日本人の共感性の高さはしばしば指摘されるところですが，1990 年前後か

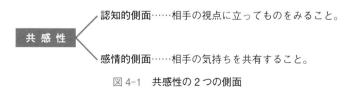

図 4-1　共感性の 2 つの側面

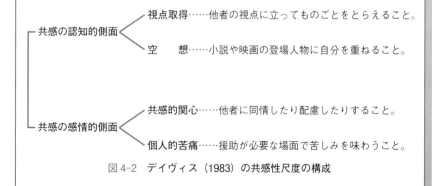

図 4-2　デイヴィス（1983）の共感性尺度の構成

ら日本の子どもたちの思いやり行動の出現率の低下が，縦断的データや国際比
較データによって示されています（坂井，2005）。ただし，国際比較データで
日本の子どもたちの思いやり行動の出現率が低くなるのは，人のためになる行
動をとったかどうか，とるかどうかを測定しているのであって，人を思いやる
心をもっているかどうかを測定していないからではないでしょうか。思いやり
の心はあっても行動に移せないという場合，適切な思いやり行動をとるソーシ
ャルスキルが身についていないということが考えられますが，人を傷つけては
いけないという気持ちが強すぎて身動きがとれなくなるということもあるでし
ょう（コラム4-1）。そうした傾向が，近年の子どもや若者の思いやり行動の
出現率の低下につながっているのではないでしょうか（榎本，2017）。

　そのような傾向を**やさしさの変容**としてとらえた大平（1995）は，旧来のや
さしさについて「相手の気持に配慮し，わが事のように考える一体感があっ
た」とし，そのようなやさしい滑らかさが失われつつあると言います。一方，
新しいやさしさでは，相手の気持ちを詮索しないことが欠かせないと言います。
要するに，「相手の気持ちを察し，共感する」やさしさから「相手の気持ちに
立ち入らない」やさしさへと変容したというわけです。傷を癒やすやさしさよ
りも，傷つけないやさしさを重視する。だから相手の気持ちに立ち入らないよ
うにする。そうすれば傷つけることはない。それが今の時代の若い世代に広く
共有されているやさしさであり，思いやりであるということになります。

　そのような心理傾向が強まれば，相手の気持ちに立ち入ることを躊躇し，そ
の結果として思いやりを行動に移しにくくなります。ここで必要なのは，人の
気持ちを多少傷つけても大丈夫という他者への信頼感を身につけ，人の気持ち
を傷つけることを過剰に恐れる心理を克服することです（榎本，2017）。

4.3　攻　撃　行　動

4.3.1　攻撃行動の種類

　攻撃行動には，殴る・蹴るなど身体的な攻撃行動と怒鳴る・意地悪を言うな
ど言語的な攻撃行動に大別できます。言語的な攻撃行動は，目の前の相手に悪

コラム4-1 行動にあらわれにくいやさしさ

「欧米と比べて，日本では，「言葉に出さないやさしさ」というものも伝統的に大切にされてきた。

　察するというのは日本独自のコミュニケーションの仕方だと言われるが，何でも言葉に出せばいいというものではない，といった感覚が日本文化には根づいている。

　何か悩んでいそうな相手，落ち込んでいる様子の相手に，
「どうした？　元気ないけど，何かあったの？」
と声をかけるのもやさしさではあるが，人には言いにくいこともあるかもしれない，今は人に話をするような気分ではないかもしれないなどと考えて，あえて何も言わず，そっとしておく，というやさしさもある。

　また，同情されることで自尊心が傷つく場合もある。相手に負担をかけることを非常に心苦しく思う人もいる。そのような相手の場合は，同情の気持ちが湧いても，そっと見守る方がいい。そんなやさしさもあるだろう。

　そっと見守るやさしさは，見かけ上は人に無関心な態度と区別がつきにくいため，ともすると見逃されがちだが，誠実な人ほど，そのようなやさしさをもっていることが多い。

　照れやわざとらしくないかといった懸念から，やさしい言葉をかけられないという人もいる。控え目な人は，わざとらしさを嫌う。そのため，本心では何も心配していないのに，わざとらしくやさしい言葉をかける人の方が，周囲からやさしいとみなされたりする。

　とても繊細なやさしい気持ちをもつ人の場合，相手の気持ちを気遣うあまり，声をかけそびれるということもある。何か声をかけようとしても，思い浮かぶどの言葉も薄っぺらいような気がする。

（中略）

　こうしてみると，やさしさは，行動だけでなく，相手を思いやる気持ちとしてとらえる必要があるだろう。安易に言葉をかけるより，そっとしておく方が相手のためと思い，あえて声をかけずにおくのもやさしさに違いない。」

（榎本博明『「やさしさ」過剰社会』PHP新書）

口を言うような直接的攻撃行動と陰で悪口を言うような間接的攻撃行動に分けることができます（図 4-3）。いじめの典型的なパターンである仲間外れなどでは，陰で悪口を広めたりしますが，そこで行われているのが言語的かつ間接的な攻撃行動である関係性攻撃です。関係性攻撃とは，人間関係を悪意で操作することで，悪い噂を流したり，不信感を煽るように情報をわざと歪めて流したり，仲間外れにしたりすることを指します。

　日本社会に固有にみられる攻撃的な心理に甘え型攻撃性があります。すねたり，ひがんだりすることによる攻撃性で，そこには甘えの心理（土居，1971）が関係しています。甘えという概念を提唱した土居は，甘えには健康で素直な甘えと自己愛的で屈折した甘えがあるといいますが（土居，2001），甘え型攻撃性は後者に相当し，私たち日本人にとって非常に身近なものといえます（コラム 4-2）。

　攻撃行動の一種としてシャーデンフロイデがあります（コラム 4-3）。シャーデンフロイデとは，他人の不幸を喜ぶ心理のことですが，つぎのような特徴が指摘されています（澤田，2008; 藤井と澤田，2014）。

1. 不幸な目に遭った責任が本人自身にあるとみなされるときに生じやすい。
2. 不幸の程度がそれほど深刻でないときに生じやすい。
3. ターゲットとなる人物の社会的ステイタスが高い場合ほど生じやすい。
4. 女性より男性において生じやすい。

　シャーデンフロイデを生じさせる主な要因は妬みです。自分より優位に立っている妬みの対象となっている人物にネガティブな状況が発生し，その優位性が揺らぐとき，「いい気味だ」という思いが生じやすいのです。また，シャーデンフロイデは自尊感情とも関係するようです。自尊感情が低く情緒的に不安定な者ほど妬みを感じやすいということや，自尊感情の高さが妬みを抑制しシャーデンフロイデを抑制することが報告されています（澤田，2008; 藤井と澤田，2014）。

4.3.2　欲求不満と攻撃性

　急いでいるときに前を歩く人たちがのんびり歩いているとイライラして，ふ

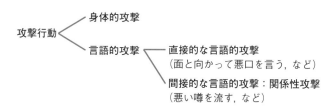

図 4-3　攻撃行動の分類

コラム4-2　甘え型攻撃性

　土居によれば，甘えたい気持ちがそのままに受け入れられないとき，「すねる」「ひがむ」「ひねくれる」「恨む」といった心理が生じ，そこに被害者意識が含まれるという。

　すなわち，素直に甘えさせてくれないから「すねる」わけだが，すねながら甘えているとも言える。その結果として，「ふてくされる」「やけくそになる」というようなことになる。

　自分が不当な扱いを受けたと曲解するとき「ひがむ」わけだが，それは自分の甘えの当てが外れたことによる。

　甘えないで相手に背を向けるのが「ひねくれる」だが，それは自分の甘えの期待に応えてくれなかったと感じることによる。

　甘えが拒絶されたということで相手に敵意を向けるのが「恨む」である。

　このように甘えが思うように通じないとき，すねたりひがんだり恨んだりするわけだが，そこには被害感情がある。

　お互いに依存し合い，甘えを介してつながっている日本人の人間関係では，甘えが阻止されたときに，欲求不満による攻撃性が生じる。甘えが拒絶されたことによって生じる怒り反応。それが甘え型の攻撃性である。

　そこには，甘えと一見正反対の恨みが生じたりするが，じつはそれらは同じ根っこから生じているのである。

　　　　　（榎本博明『他人を引きずりおろすのに必死な人』SB 新書）

だんは穏やかで礼儀正しい人が悪態をついたり，上司から理不尽な叱責を受け
た人が，その場では仕方なく謝るものの，自分の席に戻って書類の束を机の上
に叩きつけるように乱暴に置いたりというように，欲求不満になると攻撃衝動
が高まることは，日常生活の場面でだれもが実感しているはずです。

　このような現象に着目し，最初に**欲求不満―攻撃仮説**を提唱したのは，心理
学者ダラードたち（1939）です。それは，目標に向けて遂行されていた行動が
阻止されると欲求不満が生じ，その解消または低減のために攻撃行動が引き起
こされるというものです。その後，欲求不満―攻撃仮説に基づいた多くの実験
や調査が行われ，その妥当性が支持されています（大渕，2011）。

　シェクターとランド（1974）は，喫煙者に欲求不満を与えることによって攻
撃性が高まるかどうかを確認する実験を行っています。大学生に教師役を務め
させ，生徒役の人物に対して学習指導を行わせ，学習がうまくいかないときは
罰として電気ショックを与えるように指示しました。学習指導前後２回に分
けて行い，その間に休み時間をとりましたが，その休み時間中は禁煙としまし
た。教師役の学生には，喫煙習慣をもつ者ともたない者がいました。そして，
罰としての電気ショックを学習者にどの程度与えるか，それが休み時間の前後
で変化するかどうかが測定されました。その結果，喫煙習慣をもつ学生たちは，
後半の学習指導になって電気ショックの使用を増加させたのです。それに対し
て，喫煙習慣をもたない学生たちの電気ショックの使用には変化がみられませ
んでした。ここからわかるのは，喫煙習慣のある者の場合は，禁煙による欲求
不満が攻撃性を刺激し，攻撃行動が促進されるということです。

　欲求不満は，生理的欲求の阻止によって生じるだけでなく，社会的欲求の阻
止によっても生じます。たとえば，人から嫌なことを言われたり，嫌な態度を
とられたり，正当な評価をしてもらえなかったりというようなことが，社会的
欲求不満を生じさせ，それが攻撃行動をとらせることがあると考えられます。
実際，他者による拒絶が攻撃性を高め，他者による受容が攻撃性を低下させる
ことが，多くの研究で実証されています（リアリーたち，2006; 岡田，2012）。

　トゥエンジーたち（2001）は，人から排斥されたと思うことによる欲求不満
が攻撃行動を生むかどうかを確かめるための実験を行っています。その実験で

コラム4-3 人の不幸は蜜の味

「シャーデンフロイデ」という言葉をご存じだろうか。

これは，他人の不幸を喜ぶ心理のことである。

いわば，「人の不幸は蜜の味」という心理だ。

シャーデンフロイデという言葉の語源はドイツ語だが，この語は欧米で広く使われている。

他人の不幸を喜ぶなんて，倫理的に許されない心理であるため，自分がそんな心理をもっているなんてだれも認めたくないだろう。人の不幸を喜ぶなどというと，どうにも人聞きが悪い。そのため，多くの人は，自分が他人の不幸を喜ぶ気持ちをもっているなどとは思ってもいない。

だが（中略）他人が不祥事で追い込まれたり，失言でたたかれたりするニュースを見て興奮している人たちがいる。芸能人のスキャンダル記事が載っている雑誌が売れるところからしても，他人の不幸をつい喜んでしまうというのは，それほど稀なことではない。

だからといって，人は攻撃的な気持ちをたえず抱えているわけではない。

他人の不幸を喜ぶ気持ちをいつも「もっている」というよりも，何かの弾みで「湧いてくる」瞬間があるようなのだ。どうも人間の心の深層には，意外に意地悪な心理が潜んでいるらしい。

（榎本博明『他人を引きずりおろすのに必死な人』SB新書）

は，まずはじめに学生集団に共同作業をやらせた後で，つぎの作業でも一緒に
やりたいメンバーを選ばせました。他のメンバーから選択された学生と選択さ
れなかった学生に，別の学生とコンピュータ・ゲームをさせたところ，選択さ
れなかった学生は，たとえゲームの相手が自分を拒絶した人物ではなかったと
しても，選択された学生よりも強い不快ノイズを与えていました。これは，選
択されなかった，つまり排斥されたと思うことで生じた欲求不満が攻撃衝動を
発散させる行動を促すことの証拠といえます。

4.3.3　暴力メディアと攻撃行動

　暴力的なテレビ番組は子どもに良くないのではないかと懸念されますが，テ
レビ視聴と攻撃行動の関係については，多くの実証研究が行われています。

　ドラブマンとトーマス（1974）は，小学校3・4年生を2群に分け，1群に
のみ8分間暴力シーンの多い西部劇を見せました。それからいずれの群の子に
も，別室で遊んでいる2人の4歳児をビデオ画面で監督し（実際は，前もって
録画された同じ映像をすべての子が個別に見ることになります）何か起こった
ら知らせるようにと言って席を外します。ビデオ画面では，最初のうちはおと
なしくしていた2人の間に，しだいに攻撃的行動がみられ始め，だんだんエス
カレートしていきます。どこまで激しくなったら大人に知らせるかを調べるの
が目的です。結果をみると，事前に攻撃的な映像を見た子のほうが，大人に知
らせるまでの時間が長くなっていました（表4-4）。これは，攻撃的な映像の
視聴が暴力に対する許容的態度を身につけさせたことを意味します。

　ペイクとコムストック（1994）は，217の研究のメタ分析により，テレビの
暴力映像が反社会的行動を増加させることを確認しています。テレビの暴力映
像の視聴と攻撃行動との相関係数の平均は.38，他人への身体的攻撃に限ると
$r=.32$，犯罪的暴力に限ると $r=.13$ でした。アンダーソンとブッシュマン
（2001）は，暴力的なビデオゲームの影響に関する研究のメタ分析により，暴
力的なビデオゲームをすることで攻撃行動が増えることを確認しています。す
なわち，暴力的なビデオゲームをすることは攻撃行動（$r=.27$），攻撃的感情
（$r=.19$），攻撃的認知（$r=.27$），生理的喚起（$r=.22$）の増加と関係し，援

表 4-4 攻撃的な映像との接触と暴力に対する許容的態度
（ドラブマンとトーマス，1974）

(a) 大人に知らせるまでの時間（秒）

	男子	女子
攻撃的な映像を見た群	104	119
映像を見ない群	63	75

（$p < .05$ で有意差）

(b) 身体的攻撃が始まる前に大人に知らせるかどうか（人数）

	始まる前に知らせた	始まってから知らせた
攻撃的な映像を見た群	3	15
映像を見ない群	11	8

（$p < .01$ で有意差）

助行動などの向社会的行動（$r = -.27$）の減少と関係していることが示されました。

　実験室で証明された暴力的なメディアとの接触と攻撃行動との関係は，縦断的研究により実生活のデータでも証明されています。ヒュースマンたち（2003）は，平均年齢8歳だった子どもたちが20～25歳になる15年後に追跡調査した結果，8歳の頃に暴力的なテレビ番組を常習的に見ていた者は，男女とも大人になったときの攻撃性が高いことを確認しています。たとえば，8歳の時点で暴力的番組の視聴時間が上位4分の1に入っていた男性では，犯罪を犯した者の比率は11％（それ以外の男性では3％），過去1年間に配偶者を押したりつかんだり突き飛ばしたりした者の比率は42％（それ以外の男性では22％），過去1年間に腹を立ててだれかを突き飛ばした者の比率は69％（それ以外の男性では50％）と，攻撃行動をとる比率の高さが目立ちました。女性でも，8歳時に暴力番組の視聴時間の上位4分の1に入る者では，過去1年間に配偶者に物を投げた者の比率は39％（それ以外の女性では17％），過去1年間に腹を立ててだれか大人を殴ったり首を絞めたりした者の比率は17％（それ以外の女性では4％）となっており，男性同様に攻撃行動が目立ちました（表4-5）。このように，暴力的なメディアとの接触が攻撃行動を促進することは，さまざまなタイプの研究によって実証されています。

　ただし，暴力的なメディアとの接触がだれに対しても同じような影響を与えるわけではありません。そのことを示したブッシュマン（1995）の実験では，若者を性格特性としての攻撃性が高い者，中程度の者，低い者に分け，それぞれ半数には暴力的な映画を，もう半分には非暴力的な映画を見せ，その影響を調べています。その結果，性格特性としての攻撃性が高い者においてのみ，暴力的な映画を見ることで攻撃性が高まっていました。性格特性としての攻撃性が中程度の者や低い者では，そのような影響はみられませんでした。そこから，もともと攻撃性の高い者にとって，暴力的な映画は攻撃性をさらに引き出す効果があるのではないかと結論づけています。アメリカでは暴力的メディアとの接触が攻撃行動を誘発することが多くの研究によって証明されていますが，もともとの攻撃性がアメリカ人より日本人のほうが低いため，そうした知見がそ

表 4-5　児童期の暴力的なメディアとの接触と成人後の攻撃行動
（ヒュースマン，2007 より作成）

【児童期暴力的番組高接触群】（8 歳時に暴力的番組の視聴時間が上位 4 分の 1）

男　　性

犯罪を犯した者	11%
過去 1 年間に配偶者を押したりつかんだり突き飛ばしたりした者	42%
過去 1 年間に腹を立ててだれかを突き飛ばした者	69%

女　　性

過去 1 年間に配偶者に物を投げた者	39%
過去 1 年間に腹を立ててだれか大人を殴ったり首を絞めたりした者	17%

【児童期暴力的番組低接触群】（8 歳時に暴力的番組の視聴時間が下位 4 分の 3）

男　　性

犯罪を犯した者	3%
過去 1 年間に配偶者を押したりつかんだり突き飛ばしたりした者	22%
過去 1 年間に腹を立ててだれかを突き飛ばした者	50%

女　　性

過去 1 年間に配偶者に物を投げた者	17%
過去 1 年間に腹を立ててだれか大人を殴ったり首を絞めたりした者	4%

のまま日本人にあてはまるわけではないので，慎重に検討する必要があります。

　それは，ヒュースマン（2007）のデータをみてもわかるはずです。たとえば，過去 1 年間に腹を立ててだれかを突き飛ばした者の比率が，8 歳児に暴力的番組をよく見ていた成人男性では 69％なのに対して，それほど見ていなかった成人男性では 50％で，明らかな差がみられますが，日本の成人男性の 50％とか 69％とかが過去 1 年間に腹を立ててだれかを突き飛ばしているでしょうか。過去 1 年間に腹を立ててだれか大人を殴ったり首を絞めたりした者の比率が，8 歳児に暴力番組をよく見ていた成人女性では 17％なのに対して，それほど見ていなかった成人女性では 4％で，明らかな差がみられますが，日本の成人女性の 4％とか 17％とかが過去 1 年間に腹を立ててだれか大人を殴ったり首を絞めたりしているでしょうか。これには国民性の違いが関係しています。

4.3.4　攻撃性と認知の歪み

　お店などで言いがかりのようなクレームをつける人や SNS で攻撃的な発信を繰り返す人を見かけると，なぜそんなことで怒りを爆発させるのだろう，どうしてそこまで攻撃的なことを発信するのだろうと理解に苦しむことがあります。そのような人物は，性格的に攻撃性が高いと考えられますが，性格特性としての攻撃性には，認知傾向が関係していると考えられます。

　人を攻撃しがちな人を見ていると，ふつうなら何も感じない言動にも悪意を読みとって怒りだすなど，認知の歪みがあるように感じることが多いものです。攻撃的な認知の歪みについて考える際に重要なのが手がかりの解釈です。同じようなことを言われても，「侮辱された」と解釈して怒りだす人もいれば，「ユーモアのあるからかい」と解釈して一緒になって笑う人もいます。相手の言動をどのように解釈するかによって，その後の反応に大きな違いが出てきます。攻撃的な人に漂う敵意は，この解釈に起因するところが大きいと考えられます。そこにあるのが何でも悪意に解釈する認知の歪みです。

　ディルたち（1997）やアンダーソンたち（1998）は，実験的手法を用いて，攻撃的な性格の人はあいまいな言葉ややりとりを敵意のあるものに解釈する傾向が強いことを示しています。このような認知の歪みを敵意帰属バイアスとい

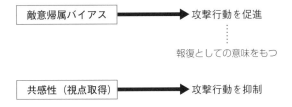

図 4-4 敵意帰属バイアスと共感性

います（図 4-4）。それは，他者の言動を敵意に帰属させる，つまり敵意をもっているからだとみなす認知傾向の歪みのことです。敵意帰属バイアスをもつ人物ほど，自分に敵意を向けてくる相手への報復という意味で，相手に対して攻撃行動を示しやすくなります。

　暴力的犯罪者や非行者には敵意帰属バイアスが顕著にみられるという研究報告もありますが，ごくふつうの人でも，敵意帰属バイアスを強く示す人ほど攻撃行動をとりやすいことが多くの研究によって証明されています。たとえば，敵意帰属バイアス傾向の強い者ほど，報復としての攻撃行動に出やすいことや，友だちを仲間外れにしたり無視したりといった関係性攻撃が目立つことが示されています（ドッジとコイー，1987; クリックとグロートピーター，1995）。

4.3.5　攻撃行動の抑制要因

　向社会的行動の生起要因として，困っている人の気持ちや立場に対する共感がありますが，それは攻撃行動の抑制要因でもあります。共感性の中でも，その認知的側面である視点取得は，攻撃行動を抑制すると考えられます。

　モア（1974）は，児童期後期の子どもたちを対象に，視点取得と道徳性の発達の関係を検討する調査を行い，両者の間に有意な相関を見出しています。これは，視点取得といった認知発達が攻撃性の抑制など道徳性の発達を促進する条件になっていることを示唆するものといえます。

　このように共感性が発達し，他者の視点に想像力を働かせることができるようになることが，攻撃性を抑制するであろうと考えられます。アイゼンバーグたち（2006）は，向社会的行動を積極的に行う者は攻撃性が低いことを見出しています。先述のように，リチャードソンたち（1994）も，共感性が攻撃感情や対立的な反応と負の関係にあり，相手の視点に立って見るように言われた者はそうでない者より攻撃的な反応を示すことが少ないことを証明しています。

　これらの研究結果からいえるのは，視点取得が攻撃性の抑制要因になっていること，そして視点取得ができないために共感性が低い場合に攻撃的な反応をしがちであるということです。攻撃行動を抑制するためには，相手の視点を想像するように促すのが有効といってよいでしょう。

親密な人間関係

5.1　友人関係の形成要因

　友人関係が成立する際には，そこに対人魅力の要因が作用していると考えられます。「感じの良い人だな」「魅力的な人だな」「かっこいい人だな」「誠実そうな人だな」などと魅力を感じるからこそ友だちになりたいと思うのであって，「感じの悪い人だな」「魅力のない人だな」「かっこ悪い人だな」「裏がありそうな人だな」などと思う相手と友だちになろうとは思わないでしょう。

　では，どのような相手に対して肯定的印象をもつのでしょうか。これは，まさに対人魅力の要因の問題であり，すでに第2章で取り上げたので，その解説を参照してください（第2章2.1節参照）。そこでは，対人魅力を生む主な要因として，身体的魅力，近接，単純接触，類似性，相補性などについて解説していますが，これらは友人関係の形成においても重要な要因といえます。

5.2　友人関係における葛藤

5.2.1　対人不安

1. 対人不安とは

　友人関係において，多くの人が脅かされがちな心理として，対人不安があります。対人不安とは，バス（1986）によれば，人前に出たときに感じる不快感のことです。バスたちは，表5-1のような尺度で対人不安傾向をとらえようとしています。とくに日本人は対人不安が強いといわれますが，いくつもの項目が当てはまる人が多いのではないでしょうか。

　対人不安には，話すことに対する不安や相手から好意的にみてもらえるかどうかに対する不安が含まれます。たとえば，よく知らない人や，それほど親しくない人と会う際には，「うまくしゃべれるかな」「何を話したらいいんだろう」「場違いなことを言ってしまわないかな」といった不安が頭をもたげてくるため，会う前から緊張してしまいます。会ってからも，「好意的に受け入れてもらえるかな」「変なヤツと思われないかな」といった不安に駆られ，相手の言葉や態度に非常に過敏になり，気疲れしてしまいます（コラム5-1）。

表5-1　**対人不安尺度**（フェニクスタインたち，1975; 榎本訳）

1. 初めての場に慣れるのに時間がかかる。
2. 人に見られていると仕事に集中できない。
3. とても照れ屋である。
4. 人前で話すときは不安になる。
5. 大勢の中では気をつかって疲れる。

コラム5-1　人づきあいに気をつかって疲れる心理

　対人不安が強いと，対人場面を恐れ，回避しようとする。不安なために，人のちょっとした言動にもネガティブな意味を読み取り，傷つきやすい。対人関係を回避しようとするため，率直なかかわりができず，いざというときに助けになる絆ができにくいということもある。

（中略）

　そんなふうに気をつかうために友だちと一緒にいても心から楽しむことができない。初対面の相手と話すときに気をつかって疲れるのはわかるが，友だちと話していても疲れる自分はおかしいのではないか。そんな悩みを抱えて相談に来る学生もいる。

　「友だちといると，ふつうは楽しいんですよね。でも，僕は楽しいっていうより疲れる。僕の言ったことや態度で友だちを不快にさせていないか，いちいち考えながら発言したり行動したりしているから，疲れちゃうんです。だから，家に帰ると疲れが出て，しばらく動けなくなります。なぜ自分は友だちと話すのにこんなにも神経をすり減らすのか。こんなに気をつかっているのに，なぜ親しい友だちができないのか。やっぱり僕はどこかおかしいんじゃないか。最近そんな思いが強くて，友だちづきあいがぎくしゃくしてきて，どうしたらいいかわからなくなって……」

　このように悩みを訴える学生は，このままでは苦しくてしようがないから，なんとかしてそんな自分を変えたいという。

（榎本博明『「対人不安」って何だろう？』ちくまプリマー新書）

2. 自己評価と対人不安

　対人不安は，対人的場面に関連した不安ですが，それには人に見られる自分の姿に対する自信ばかりでなく，自分に対する自信全般が関係していると考えられます。大学生活に満足している者より不満足な者のほうが対人不安が強いといったデータもありますが（武蔵たち，2012），うまく適応できていないことによる自信のなさが対人不安につながっていると考えられます。

　榎本たち（2001）は，自己評価や自分の過去および未来への態度と対人不安の関係を検討し，自己評価の低さが対人不安を最も強く規定し，また自分の過去へのとらわれや過去の拒否の強さ，および未来の不明確さが対人不安の強さにつながることを明らかにしています。横井と榎本（2002）も，自分の過去にとらわれ，よく後悔し，消したい過去があり，過去をよく思い出し，思い出すととても嫌になる出来事があり，書き換えたい過去がある者ほど対人不安が強く，自分の過去に満足しており，自分の過去が好きで，明るい思い出が多い者ほど対人不安が弱いことを見出しています。自分の過去に対して否定的な傾向は自信のなさに通じると考えられるので，これも自信のなさが対人不安につながることの証拠といえます。

3. 対人距離とヤマアラシ・ジレンマ

　人間関係が苦手という人の多くは，人との距離のとり方がわからなくて悩みがちです。とくに人間関係が苦手でなくても，親しくなり始めたばかりの頃は，どこまで距離を縮めてよいのかわからず，自分の思うことをどこまで話してよいのか，相手の内面にどこまで踏み込んでよいのか，迷うものです。

　非常に親しい関係になった後も，今度は無遠慮に距離を詰めすぎて傷つけ合うといったようなことも起こってきます。それは，フロイトの言うヤマアラシ・ジレンマ状況といえます（コラム5-2）。ヤマアラシ・ジレンマというのは，ショーペンハウエルが描いたエピソードをもとにフロイトが精神分析に導入した概念で，人と人の間の心理的距離をめぐる葛藤とアンビバレンスのことです。距離を置きすぎるとすきま風が吹いて寒いけれども，近づきすぎると自分のトゲで相手を刺してしまいます。つまり，ヤマアラシ・ジレンマとは，ショーペンハウエルのエピソードでいえばヤマアラシが自分のトゲで身近な相手

コラム5-2 ヤマアラシ・ジレンマ

　ある寒い冬の日，凍えそうになったヤマアラシの群れが，お互い
の身体を温め合おうと身を寄せ合った。そうすることで冷たい風に
さらされる部分が減るため，温かくなる。「これは温かいぞ，もっ
と近づこう」とさらに距離を縮めると，お互いのトゲが相手に突き
刺さり，痛みが走る。「痛っ！」と飛び退く。だが，離れると寒風
にもろにさらされて寒くて仕方ない。そこで再び近づく。温かい。
さらに近づく。痛い。飛び退く。寒い。こんなことを何度も繰り返
した末に，ヤマアラシたちは，お互いに傷つき合わずに温め合うこ
とができる適度な距離をとることができるようになった。
（ショーペンハウエルによる寓話とフロイトによるその紹介をもと
に，わかりやすい形に再構成した。）
（榎本博明『近しい相手ほど許せないのはなぜか』角川 SSC 新書）

を刺して傷つけてしまうこと，フロイト流にいえばついわがままになって自己
愛のトゲで身近な相手を刺して傷つけてしまうことを指します。友だちにも気
をつかうという最近の若者にみられる心理状況は，まさにヤマアラシ・ジレン
マ状況に相当するものといってよいでしょう。

4. 自己呈示と対人不安

　シュレンカーとリアリィ（1982）は，「対人不安とは，現実の，あるいは想
像上の対人的場面において，他者から評価されたり，評価されることを予想す
ることによって生じる不安である」としています。この定義は，バスの定義と
比べて，対人不安が生じる心理メカニズムにまで踏み込むものといえます。そ
して，好ましい自己像を呈示しようという自己呈示欲求が強いほど，また自己
呈示がうまくいく主観的確率が低いほど，対人不安傾向が強くなるという，対
人不安を自己呈示に結びつけたモデルを提起しています。

　この定義およびモデルに基づけば，自分が他者の目にどのように映っている
か，あるいは映ると予想されるかをめぐる葛藤により生じる不安が対人不安で
ある，ということができます。したがって，対人不安の強い人は，他者の目に
映る自分の姿が自分の望むようなものになっていない，あるいはならないので
はないかといった不安の強い人だといえます。言い換えれば，効果的に自己呈
示をすることで他者の目に映る自分の姿を自分にとって望ましい方向にもって
いけるという自信が乏しいことが対人不安を高めることになります。

5.2.2　自己開示とふれ合い恐怖

1. 自己開示しにくい心理

　自分の内面を率直に伝える自己開示については第6章で詳しく解説しますが，
友人関係の中でどこまで自己開示すればよいのか，どのように自己開示すれば
よいのか迷うことがあるでしょう。自己開示が心理的距離を縮めるということ
はわかっていても，思い切って自己開示するには勇気がいり，なかなか素直に
自己開示できないということがあります。筆者が，150名ほどの大学生を対象
に，日頃よく話す友だちに自分の思っていることを率直に話しているかどうか
を尋ねたところ，相手の反応を気にするあまり，自分の意見や思うことを率直

コラム5-3　友だちに自分の思いを率直に話しているか

「相手の反応が気になり，趣味やプライベートなこととか，自分の内面については話せない。自分の意見にも自信がなくて，相手に呆れられてしまうのではと思ったりして，なかなか意見も言えない」

「友だちにホンネを言おうとしても，それを理解してくれなかったときのことを考えると，なかなか話す気持ちになれません。ホンネを言うには勇気がいります」

「みんなはどう考えているんだろうと周りを気にして，自分の考えを言うのはすごく勇気がいる」

「相手がどう思うかを自分は気にしすぎだと思うけど，どうしても気にしてしまう。自分の思うことを素直に言える人が羨ましい。よっぽど自信がある人でないと，言えないと思う」

「仲間外れにされる恐怖というか，みんなが自分と違う考えや感じ方をしていたらどうしようといった思いがあって，自分の思っていることをはっきり言いにくい」

「私は，自分の思ったことを率直に友だちに言うというのはできません。やっぱり嫌われるのが怖いから」

「意見が違うと，せっかくの関係が悪化してしまうのではないかと考えてしまい，自分の意見があってもなかなか言えない」

「自分の意見を言える人はごく少数だと思う。自分もその場の雰囲気に合わせた発言をしたり，相手が喜びそうな意見を言ったりする」

「こんなことを言ったら相手が気分を害するのではとか，感受性が違ってたら相手が話しにくくなるかもしれないなどと思い，何を話したらよいかをかなり吟味する」

（榎本博明『「やさしさ」過剰社会』PHP新書）

に話しにくいといった心理が広く共有されていることがわかりました。そこには，自分を隠してさしさわりのない話ばかりするようなつきあいを物足りなく感じる気持ちも見え隠れします（榎本，2016）。典型的な回答例をコラム 5-3 に示しました。

　では，どのような心理的要因が自己開示を抑制させるのでしょうか。自己開示の心理的抑制要因に関しては，榎本（1997）が測定尺度を作成し，大学生を対象とした調査を行った結果，現在の関係のバランスを崩すことへの不安，深い相互理解に対する否定的感情，相手の反応に対する不安という 3 つの因子を抽出しています（表 5-2）。こうした思いが自己開示をためらわせるようです。

　榎本（2005）は，親しい友だちに対する自己開示および自己開示抑制と自尊感情，人生への態度，過去への態度，気分の関係を検討し，自己開示度が高いほど，人生に満足し，人生に前向きで，自分の過去を肯定的に評価し，爽快感が強く，疲労感が乏しく，抑うつ感が乏しく，自尊感情が高いことを見出しました。そして，自己開示を抑制する傾向が強いほど，人生に迷っており，人生に満足しておらず，人生に前向きになれず，自分の過去への否定的なとらわれがあり，自分の過去を肯定的に評価できず，緊張と興奮が強く，疲労感が強く，抑うつ感が強く，不安感が強く，爽快感が乏しくなっていました。

2. 語り合う場の喪失と親密さからの退却

　私たちは，人と語り合うことを通して，自己理解を深めていきます。自分の思うことや考えることを語り，それに対する相手の反応を通して，自分の思いや考えが妥当だとか歪んでいるとか判断することができます。自分の思いや考えと相手の思いや考えとのズレに直面することで，自分の視点の浅さや偏りに気づくことができます。人との語り合いは，自己についてのさまざまな気づきを与えてくれます。逆に言えば，人と語り合うことが少ないと，自己への気づきが得られにくく，自分がわからないというアイデンティティ拡散に陥りやすくなります。

　カウンセリングが急速に普及してきた背景として，自己を語る場が日常生活の中に少なくなっているという事情があると考えられます。岡田（2002）は，現代青年の友人関係の希薄化に関する調査により，友だちとの関係の維持に気

表 5-2　**自己開示抑制要因尺度**（榎本，1997）

1. つまらないことを深刻に考えていると思われるのが嫌だから
2. 意見が対立するようなことは避けたいから
3. 相手も同じように考えているかどうかわからず不安だから
4. お互いに相手のことをそんなに深く知っている必要はないと思うから
5. どんなに親しい間柄でも感受性やものの見方・考え方は違っているものだから
6. 自分の考えや気持ちはだれに言ってもわかってもらえないと思うから
7. あまり重たくならず，楽しい間柄でいたいから
8. 相手がこちらの話を真剣に聞いてくれるかどうかわからないから
9. 自分の考えや気持ちを人に話したってしようがないから
10. 話したことを他人に漏らされたりしたら嫌だから
11. 改めて真剣に自分の胸の内を明かすような雰囲気ではないから
12. へたに深入りして傷つけたり傷つけられたりというようなことになりたくないから
13. 親しい間柄であっても心の中をのぞかれるのは恥ずかしいものだから

第 1 因子「現在の関係のバランスを崩すことへの不安」
　　　項目 11，10，7，12，13，8（因子負荷の高い順）
第 2 因子「深い相互理解に対する否定的感情」
　　　項目 6，9，4，5
第 3 因子「相手の反応に対する不安」
　　　項目 2，3，1

をつかいながら，その関係に困難を感じている従来型の対人恐怖群の他に，表面的な友人関係さえも円滑にこなしているとはいえず，友人関係そのものから退却し，親密なかかわりを避けるふれ合い恐怖群を抽出しています。

3. 自己モニタリングと場への適応

　自己モニタリングというのは，その概念を提起したスナイダー（1974）によれば，自分の感情表出行動や自己呈示を観察し調整することです（図5-1）。

　自己モニタリング傾向の強い人は，自分がどのように見られるかについての関心が強く，自分の行動の適切さを非常に気にします。そのため，他者の反応に敏感で，そうした情報を用いて自分の行動をモニターし調整する傾向があります。一方，自己モニタリング傾向の弱い人は，人からどう見られるかとか自分の行動が社会的状況にふさわしいかどうかにあまり関心がありません。したがって，自分の行動をモニターし調整する傾向が弱く，周囲の反応に無頓着に自分の思うように行動し，場にそぐわない言動を平気でとりがちです。

　自己モニタリング傾向は，他者の言動の意味を解釈する能力（解読能力）と自分の言動を調整する能力（自己コントロール能力）の2側面からとらえることができます。他者の反応を見ながら自分の言動が適切かどうかを知る能力と，適切な言動をとるために自分の言動を場にふさわしい方向へと調整する能力です。レノックスとウォルフ（1984）は，他者の表出行動への感受性と自己呈示の修正能力の2因子構成の自己モニタリング尺度を作成しています（表5-3）。

5.2.3　認知的バランスと友人関係の葛藤

　友人関係をめぐる葛藤を理解する際に役に立つものとして，ハイダー（1958）の認知的バランス理論において三者の認知関係をモデル化したP—O—Xモデルがあります。図5-2のPは認知する人自身，Oは他者，XはO以外の認知対象を指します。Xには，人物，モノ，価値観，趣味，ひいきのチーム，郷里などさまざまな認知対象が置かれます。ハイダーは，単位関係と心情関係という2種類の関係を想定していますが，ここでは心情関係をみていきましょう。

　図5-2のプラス符号は肯定的な感情関係，マイナス符号は否定的な感情関係を意味します。たとえば，図5-2の⑤は，PがOに好意的で，PはまたX

自己モニタリング＝自分の感情表出行動や自己呈示を観察し調整すること。

自己モニタリング傾向の強い人……自分がどのように見られるかについて
の関心が強く，それゆえ自分の行動の
適切さに対する関心も強い。

自己モニタリング傾向の弱い人……人からどう見られるかとか自分の行動
が社会的状況にふさわしいかどうかに
あまり関心がない。

図 5-1　自己モニタリングとは

表 5-3　自己モニタリング尺度を構成する 2 因子
（レノックスとウォルフ，1984 より抜粋; 榎本訳）

「他者の表出行動への感受性」因子の主な項目

- 相手の目を見ることで，自分が不適切なことを言ってしまったことにたいてい気づくことができる。
- 他者の感情や意図を読みとることに関して，私の直観はよく当たる。
- だれかが嘘をついたときは，その人の様子からすぐに見抜くことができる。
- 話している相手のちょっとした表情の変化にも敏感である。

「自己呈示の修正能力」因子の主な項目

- その場でどうすることが求められているのかがわかれば，それに合わせて行動を調整するのはたやすいことだ。
- どんな状況に置かれても，そこで要求されている条件に合わせて行動することができる。
- いろんな人たちやいろんな状況にうまく合わせて行動を変えるのは苦手である（逆転項目）。
- 相手にどんな印象を与えたいかに応じて，つきあい方をうまく調整することができる。

にも好意的なのに，OはXに非好意的だとPがみなしていることを表しています。そして，認知的バランス理論では，3つの符号の積がプラスになるときP―O―Xという三者のシステムは均衡状態にあり，マイナスになるときそれは不均衡状態にあるとみなします。①〜④が均衡状態，つまりバランスの良い関係，⑤〜⑧が不均衡状態，つまりバランスの悪い関係を表します。不均衡状態では，不快感など心理的緊張が生じるため，それを解消しようとする動きが生じます。つまり，3つの符号の積がプラスになるようにどこかの関係を変化させることで，P―O―X関係を均衡状態にもっていこうとする動きが生じます。

　たとえば，PさんがOさんと親しい間柄にあるのに，Pさんと親しい間柄になったXさんがOさんと対立関係にあるというのが，図5-2の⑤の状態です。このままでは三者の関係が落ち着きません。そこで，PさんはOさんにXさんの良いところを吹き込むことで，OさんにもXさんに対して肯定的な気持ちをもってもらおうと試みます。それが成功すると，3つの符号のすべてがプラスとなり，関係は安定化します（図5-2の①）。逆に，PさんがOさんからXさんの悪いところを吹き込まれ，Xさんに対して否定的な気持ちをもつようになっても，3つの符号の積がプラスとなり，Xさんを排斥する形でP―O―X関係は安定化します（図5-2の②）。もし，Xさんに対する態度をPさんもOさんも頑なに変えようとしないとき，3つの符号の積がプラスとなり，PさんとOさんが決裂する形でP―O―X関係は安定化します（図5-2の④）。

　友人関係がもつれて，ややこしい対立が生じたときなど，このP―O―Xモデルを当てはめてみることで対立の構図の理解が進み，解決のヒントが見つかることがあります。

5.3　恋 愛 関 係

5.3.1　好意と愛情

　相手に対する思いが，良い友人としての好意なのか，恋人としての愛情なのか，よくわからなくなる。そんなときに参考になるのが，ルービン（1970）に

 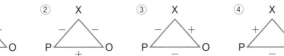

図 5-2　ハイダーの認知的バランス理論

よって作成された，好意と愛情を区別して測定する心理尺度です（表5-4）。

　ルービンは，好意と愛情という2つの概念を検討した結果，好きという気持ちには，相手を肯定的に評価し尊敬すること（肯定的評価）と相手が自分に似ていると思うこと（類似性）の2つの要素が含まれるという結論に達しました。そこで，その測定尺度は，適応性，成熟度，判断力，知性などの次元において，相手を肯定的に評価しているかどうかをみるための項目や，相手が自分に似ていると思っているかどうかをみるための項目で構成されました。

　一方，愛するという気持ちには，いつも一緒にいたいとか頼りたいと思うこと（愛着），常に相手のことを気づかうこと（心づかい），何でも話して理解し合いたいとか相手を独占したいとか思うこと（親密さ）の3つの要素が含まれるという結論に達しました。そこで，その測定尺度は，愛着，心づかい，親密さに関する項目で構成されました。

　この尺度のどちらの点数が高くなるかによって，具体的な相手に対する気持ちが好意なのか愛情なのかが判断できるというわけです。

5.3.2　恋愛のタイプ

　恋愛関係でもめることがよくあるのも，人によって恋愛に求めるものが違ったり，恋愛のイメージが違っていたりするからです。ひと口に恋愛といっても，じつにさまざまな形があります。同じく恋愛をしているといっても，人によってその様相はまったく異なっていたりします。そのような多様な恋愛をいくつかの典型的なタイプに分類することで，個々の恋愛の姿や恋愛関係のもつれを理解しようという試みがあります。

　リー（1977）は，恋愛の基本として，情熱恋愛（エロス型），遊戯恋愛（ルダス型），友情恋愛（ストルゲ型）という基本的な3つのタイプがあり，それらの混合型として熱狂恋愛（マニア型），愛他恋愛（アガペー型），実利恋愛（プラグマ型）の3つがあるとし，6つの恋愛タイプを設定しています（表5-5）。それぞれの特徴を知ることで，自分が恋愛関係に何を求めているのか，相手と自分の間にどのようなすれ違いがあるのかを理解するためのヒントが得られます。また，相手と自分の恋愛タイプを知ることで，自分が恋愛関係で繰

表 5-4　ルービンの好意と愛情の尺度（榎本，2001）

好意の測定尺度

1　彼（彼女）と私は，一緒にいると，たいてい同じことを感じたり考えたりしています。
2　彼（彼女）は非常に適応力のある人だと思います。
3　私は彼（彼女）を責任ある役割に強く推薦したいと思います。
4　彼（彼女）はとても成熟した人物だと思います。
5　私は彼（彼女）のすぐれた判断力に強い信頼を置いています。
6　たいていの人は，わずかな面識を持っただけで彼（彼女）に好意を感じると思います。
7　彼（彼女）と私はとてもよく似ていると思います。
8　クラスや何かのグループで選挙があれば，私は彼（彼女）に票を投じたいと思います。
9　彼（彼女）はすぐに尊敬を獲得するような人物だと思います。
10　彼（彼女）はとても知的な人物だと思います。
11　彼（彼女）は私の知っているなかでもっとも好ましい人物のひとりです。
12　彼（彼女）は私が理想とするような人物です。
13　私は彼（彼女）が賞賛されるのはとてもたやすいことだと思います。

愛情の測定尺度

1　もし彼（彼女）が落ち込んでいたりしたら，私はまっ先に彼（彼女）を励ましてあげたいと思います。
2　私はどんなことでも彼（彼女）に打ち明けることができます。
3　彼（彼女）の欠点は快く容認することができます。
4　彼（彼女）のためならどんなことでもしてあげたいと思います。
5　私は彼（彼女）を独占したいと強く思います。
6　もし彼（彼女）と一緒にいることができないとしたら，私はとても不幸になるでしょう。
7　寂しいときには，彼（彼女）に会いたいという思いがまっ先に浮かんできます。
8　私にとっての重大な関心のひとつは，彼の幸福です。
9　私はたいていのことなら彼（彼女）を許すことができます。
10　私は彼（彼女）の幸福に責任があると思います。
11　彼（彼女）と一緒にいると，彼（彼女）をただ見つめているだけで時が過ぎてしまいます。
12　彼（彼女）が何かを打ち明けてくれると，とてもうれしく思います。
13　彼（彼女）と仲違いすることなど，私にはとても考えられません。

り返す失敗の理由をつかむことができます。

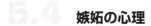　嫉妬の心理

　恋愛関係や夫婦関係など親密な間柄において生じがちな葛藤として**嫉妬**があります。嫉妬は，愛し合う者同士をさらに固い絆で結びつけもするし，逆に愛を憎しみに変えることもあります。嫉妬についての心理学的研究では，ホワイト（1981）が，認知，情動，行動という3つの側面からとらえることを提唱して以来，おおむねそれが踏襲されています（**表5-6**）。

　プファイファーとウォン（1989）は，相手の浮気を心配したり疑ったりする認知面，嫉妬を喚起する状況への否定的感情を経験する情動面，相手が自分から離れていくのを防ごうとする行動面の3側面からとらえる多面的嫉妬尺度を開発しています。そして，情動的嫉妬は相手への愛情と正の相関関係があるのに対して，認知的嫉妬は相手への愛情と負の関係があることを見出しています。

　神野（2016）も，認知面，情動面，行動面の3つの側面からとらえる多次元恋愛関係嫉妬尺度を開発しています。そこでは大学生を対象に調査が行われ，恋人が第三者に奪われることを疑う認知的な過敏さを表す猜疑的認知，関係への第三者の侵入に対する否定的感情の強さを表す排他的感情，関係の裏に第三者の存在を警戒・詮索する度合いとしての警戒行動という3つの因子が抽出されています（**表5-6**）。そして，これら3つの因子とも，見捨てられ不安と正の相関関係にあることを確認しています。見捨てられ不安というのは，自分は見捨てられてしまうのではないかという不安のことです。

　嫉妬にまつわるややこしい問題を解きほぐすには，それが事実に基づいた嫉妬か妄想的な嫉妬かという観点も重要です。ブリングル（1991）は嫉妬には反応型嫉妬と疑念型嫉妬があるとし，パロット（1991）も嫉妬には事実に基づいた嫉妬と疑惑的な嫉妬があるとしています。事実に基づいた嫉妬は，基本的には正当な嫉妬といえます。しかし，妄想的な嫉妬は，不必要に相手を困惑させ，自分自身も苦しむので，病的な嫉妬といってよいでしょう。

表 5-5　恋愛の 6 つのタイプの特徴（日本社会心理学会（編），2009）

ラブスタイル	特徴
エロス（美への愛）	恋愛を至上のものと考え，ロマンティックな考えや行動をとる。相手の外見を重視しやすい。
ストルゲ（友愛）	穏やかで友情的な愛，お互いに感情的にならず，長い時間をかけて愛を育んでいく。
ルダス（遊びの愛）	恋愛をゲームとして捉え，楽しむことを第 1 に考える。相手に執着せず，距離をとりながらつきあおうとする。
マニア（熱狂的な愛）	相手への独占欲が強く，些細なことがらにも嫉妬や執着，悲哀といった激しい感情をともなう愛。
アガペー（愛他的な愛）	相手の利益だけを考え，相手のためには自分を犠牲にすることもいとわない愛。
プラグマ（実利的な愛）	恋愛を地位向上の手段として考える。相手の選択には，社会的地位のつり合いなど，さまざまな基準を敷く。

表 5-6　親密な関係における嫉妬の 3 要素（神野，2016 より作成）

【認知的要素】
猜疑的認知＝親密な関係への第三者の侵入を疑う病理的・妄想的過敏さ。

【情動的要素】
排他的感情＝認知的要素より幾分正当とされる嫉妬喚起状況への感情反応。

【行動的要素】
警戒行動＝関係への第三者の侵入や関係崩壊を防衛・警戒しようとする行動。

6

コミュニケーション

6.1　対人コミュニケーション

　人と人の間のコミュニケーション，いわゆる**対人コミュニケーション**は，さまざまな要素を組み合わせる形で行われています。たとえば，送り手は，伝えたいことを言葉で話すだけでなく，表情や視線や声の調子にも思いを込めて伝えようとします。受け手も，送り手が発した言葉だけに反応するのではなく，表情や視線や声の調子に注意を払いつつ，真意を読みとろうとします。時に発話内容と矛盾した意図や感情が表情や話し方にあらわれることもあります。たとえば，言葉では感謝の気持ちを表現しながらも，内心反感をもっていることが表情や口調にあらわれるというように。あるいは，受け手が表情や声の調子を読み違えて，誤解が生じることもあります。このように，対人コミュニケーションは，さまざまなチャンネルを通して行われます（図6-1）。対人コミュニケーションを円滑に行うためには，正確に伝え，正確に読みとれるように，こうした**対人コミュニケーション・チャンネル**について知っておくことが大切となります。

6.2　言語的コミュニケーション

6.2.1　自己開示

　自己開示とは，自分がどのような人物であるかを他者に言語的に伝える行為のことです。具体的には，自分の性格的特徴や身体的特徴，考えていること，感じていること，経験や境遇など，自分の内面や自分自身に関することがらを他者に話すことを指します。自分自身が把握している客体としての自己像あるいはその特徴を示唆するようなことがらを他者に言語的に伝える行為ということもできます（榎本，1997）。

1.　自己開示の次元

　ひと口に自己開示といっても，その形態や内容はさまざまです。たとえば，「自分はよく自己開示する人間だ」という人がいたとしても，その人が自分を深く知ってもらえるような自己開示をしているのか，さしさわりのない内容ば

```
　　　　　　　　　　 音 声 的 ┌(1) 言 語 的（発言の内容・意味）
　　　　　　　　　　　　　　 │
　　　　　　　　　　　　　　 └(2) 近言語的（発言の形式的属性）
　　　　　　　　　　　　　　　　　　 a. 音響学的・音声学的属性
対人コミュニ　　　　　　　　　　　　　　　（声の高さ，速度，アクセントなど）
　ケーション　　　　　　　　　　　　 b. 発言の時系列的パターン
　・チャネル　　　　　　　　　　　　　　　（間のおき方，発言のタイミング）

　　　　　　　　　 非音声的 ┌(3) 身体動作
　　　　　　　　　　　　　　 │　　a. 視線
　　　　　　　　　　　　　　 │　　b. ジェスチャー，姿勢，身体接触
　　　　　　　　　　　　　　 │　　c. 顔面表情
　　　　　　　　　　　　　　 │
　　　　　　　　　　　　　　 │(4) プロクセミックス（空間の行動）
　　　　　　　　　　　　　　 │　　対人距離，着席位置など
　　　　　　　　　　　　　　 │
　　　　　　　　　　　　　　 │(5) 人工物（事物）の使用
　　　　　　　　　　　　　　 │　　被服，化粧，アクセサリー，道路標識など
　　　　　　　　　　　　　　 │
　　　　　　　　　　　　　　 └(6) 物理的環境
　　　　　　　　　　　　　　　　　家具，照明，温度など
```

図6-1　**対人コミュニケーション・チャンネルの分類**（大坊，1998）
(2) 以降が非言語的コミュニケーションである。

かりを自己開示しているのかわかりません。そこで，自己開示について検討する際には，自己開示の次元というものを考慮する必要があります。

　多くの研究者は，自己開示の次元として，深さと広がり，あるいは深さと量という2つの次元でとらえてきました。広がりと量の区別をせず，単にたくさん話すかあまり話さないかを問題にしている研究者もいますが，広がりというのは話題の幅のことであり，量とは別次元とみなすべきでしょう。たとえば，たくさん自己開示するけれど家族関係の話ばかりという人は，量は多いけれど広がりはない（幅は狭い）ということになります。家族のことも，仕事のことも，趣味のことも，友だちのことも，恋愛のことも，価値観のこともいろいろ話すという人は，単に自己開示の量が多いというだけでなく，広がりのある（幅の広い）自己開示をしていることになります。

　自己開示の次元については，榎本（1997）が図6-2のように整理していますが，とくに重要なのが深さ，量，広がりという3つの次元です。深さと広がりの2次元で自己開示をとらえようというアルトマンとテイラー（1973）の見解を参考に整理すると，深さを判断するには，つぎのような基準が考えられます。

1. 特定の状況下の個々の行動の開示より，性格特性のような普遍的な傾向の開示のほうが深い。
2. 独自な内容の開示ほど深い。
3. 行動や実際の出来事よりも，それにまつわる動機・感情・空想のような目に見えない側面の開示ほど深い。
4. 自分の弱点に触れる内容の開示ほど深い。
5. 社会的に望ましくない側面の開示ほど深い。
6. 強い感情を伴う開示ほど深い。

　自己開示は，質問紙形式でとらえるのが一般的です。その際，父親，母親，とくに親しい同性の友人，とくに親しい異性の友人あるいは恋人など，特定の相手を設定し，それぞれに対して，自己の各側面について，どの程度話しているかを尋ねます。表6-1に示したのは榎本（1997）による自己開示質問紙の項目ですが，図6-3に示した15側面各3項目で構成されています。

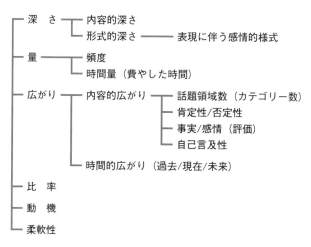

図 6-2　自己開示の次元（榎本，1997）

表 6-1　榎本の自己開示質問紙（ESDQ）の項目（榎本，1997）

項目番号	項目内容	項目番号	項目内容
1 16 31	知的能力に対する自信あるいは不安 興味を持って勉強していること 知的な関心事	9 24 39	職業的適性 興味をもっている業種や職種 人生における仕事の位置づけ
2 17 32	心をひどく傷つけられた経験 情緒的に未熟と思われる点 嫉妬した経験	10 25 40	こづかいの使い道 自分の部屋のインテリア 服装の趣味
3 18 33	現在持っている目標 拠りどころとしている価値観 目標としている生き方	11 26 41	親の長所や欠点 家屋に関する心配事 親に対する不満や要望
4 19 34	容姿・容貌の長所や短所 外見的魅力を高めるために努力していること 外見に関する悩み事	12 27 42	生きがいや充実感に関する事 人生における虚しさや不安 孤独感や疎外感
5 20 35	運動神経 体質的な問題 身体健康上の悩み事	13 28 43	休日の過ごし方 芸能やスポーツに関する情報 趣味としていること
6 21 36	性的衝動を感じた経験 性に対する関心や悩み事 性器に対する関心や悩み事	14 29 44	文学や芸術に関する意見 最近の大きな事件に関する意見 社会に対する不平・不満
7 22 37	友人に対する好き・嫌い 友人関係における悩み事 友人関係に求める事	15 30 45	友達のうわさ話 芸能人のうわさ話 関心のある異性のうわさ話
8 23 38	過去の恋愛経験 異性関係における悩み事 好きな異性に対する気持	（高校生・大学生用に用いられているもの）	

2.　自己開示の心理的効用

　自己開示することには多くの心理的効用があると考えられています。カウンセリングの場で行われているのも，悩みを抱えている人による自己開示であり，カウンセラーの役割は良い聴き手となってクライエントの自己開示を促進することといえます。

　榎本（1997）は，自己開示の意義を4つあげていますが，それらを4つの心理効果として簡単にまとめると，表6-2のようになります。このような自己開示の効用を前提とすると，ウケ狙いの表面的な会話をして盛り上がるばかりの友人関係においては，自己明確化効果が働かず，自分がよくわからないといったことにもなりがちだといえるでしょう。本音を語り合えるかかわりを通して自己のアイデンティティも明確になっていくと考えられます。また，表面的な会話を楽しむ社交ばかりでは，気になっていることを率直に語る機会がないためカタルシス効果が作用せず，ストレスを溜め込むことにもなりかねません。

3.　自己開示の適切さ

　自己開示することに多くの効用があるとしても，単に自己開示すればよいということではありません。いつも自分のことばかり一方的に話す人がいますが，本人はすっきりするかもしれませんが，相手はうんざりするはずです。また，初対面でいきなり悩み事や身の上話など深い自己開示をされると，いかにも情緒不安定な感じがして，ちょっと戸惑ってしまうでしょう。

　このように自己開示をする人物がどのような印象を与えるかという対人認知の観点に立つときに浮上してくるのが，自己開示の適切さという問題です。自己開示にも適切さの社会規範があり，それに則っていれば肯定的な印象がもたれますが，それに反すると否定的な印象がもたれることになります。

　まず第1に，自己開示の相手との関係に応じた適切さの問題があります（表6-3）。チェイキンとデルレガ（1974a，1974b）は，友人，顔見知り，見知らぬ人という三者に対する自己開示への評価を比較して，友人に対する自己開示が最も適切とみなされ，見知らぬ人に対する自己開示が最も不適切とみなされること，また友人に対するものとしては深い自己開示が好まれるのに対して，見知らぬ人に対する深い自己開示は好ましくないとみなされることを明らかに

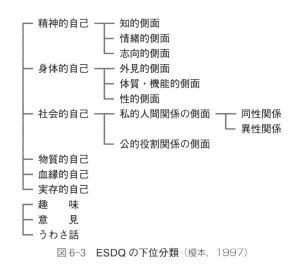

図6-3 **ESDQ の下位分類**（榎本，1997）

表6-2 **自己開示の心理的効果**

---

1. **自己明確化効果（自己洞察効果）**
自分自身の経験を振り返りつつ語ることで，また相手の反応を通して，自分の心の中で起こっていることについての理解が深まっていく。

2. **カタルシス効果**
自分の思いを語ることによって情動が発散され，気持ちがすっきりする。

3. **不安低減効果**
不安な気持ちを語るのを相手が共感的・受容的に聞いてくれることにより，他の人も同じような経験をしていると知ったり，自分が異常なのではないとわかったりして，不安が和らぐ。

4. **親密化効果**
自分の経験や思いを語ることによって，自己開示の相互性が働き，心理的距離が縮まり，親密感が高まっていく。

しています。さらに，本人より年下の相手に対する自己開示は，同年配や年上
の相手に対する自己開示と比べて，不適切とみなされました。年下の人物にあ
まり自己開示すると不適切とみなされるというのは，年上の人物が自分の内面
的な問題を年下の人物にもらすのは頼りない感じになるということでしょう。

　第２に，自己開示のタイミングの適切さの問題があります（表6-3）。ウォ
ルトマンたち（1976）やジョーンズとゴードン（1972）は，知り合って間もな
い時期の深い自己開示は不適切であり，そのような開示者は性格的に未熟とみ
なされ，親しくなってからの深い自己開示は適切とみなされることを明らかに
しています。

　第３に，性別による適切さの問題もあります（表6-3）。男性は無口で自分
の弱い面は表面に出さず，女性は多弁で感情的に不安定であり自分の弱い面も
容易に出してしまう，といった社会通念があり，それに沿った自己開示をして
いるかどうかが問題になります。このような性役割と結びついた自己開示の適
切さに関しては，男性は低開示者のほうが高開示者よりも肯定的に評価される
のに対して，女性は逆に高開示者のほうが低開示者よりも肯定的に評価される
ということが，いくつかの研究によって示されています（シェルーン，1976;
デルレガとチェイキン，1976; クラインクとカーン，1978）。さらに，シェルー
ンたち（1981）は，量も深さも等しい自己開示であっても，開示者が男性であ
る場合は女性である場合よりも高い自己開示度の評定が与えられることを見出
しました。これは，一般に期待されている平均的な自己開示水準が，男性より
も女性の場合のほうが高く設定されていることを示す証拠といえます。

6.2.2　自己呈示

　自己呈示とは，他者に対して特定の印象を与えるために，自己に関する情報
を操作して与える行動のことです。つまり，「このように見られたい」という
意図のもとに，他者に対して示す自分についての情報を調整することです。自
己呈示という心理機能にはじめて言及したとされるゴフマン（1959）は，他者
に一定の印象を与えるために自己呈示を行うことを**印象操作**と呼んでいます。

　自己呈示には，他者から否定的な印象をもたれるのを避けるために行う消極

表 6-3　自己開示の適切さ

---

1. 相手との関係に応じた適切さ

親しい相手の場合は深い自己開示が適切とみなされるが，見知らぬ相手の場合は浅い自己開示が適切とみなされる。

年下の相手への自己開示は不適切とみなされやすい。

2. 自己開示のタイミングの適切さ

知り合って間もない時期の深い自己開示は不適切とみなされる。

3. 性別による適切さ

男性は無口で自分の弱い面は表面に出さず，女性は多弁で感情的に不安定であり自分の弱い面も容易に出してしまう，といった社会通念があり，それに沿った自己開示が適切とみなされる。

的なものとしての防衛的自己呈示と，他者から肯定的な（あるいはこちらに有利な）印象をもたれるために行う積極的なものとしての主張的自己呈示があります。日本人は，防衛的な自己呈示を用いることが多いとされますが，控え目であれ，感情を表に出すな，といった抑制的な作法が多いのも，そのあらわれといえます（船津，1987）。

1. 防衛的自己呈示

防衛的自己呈示とは，他者から否定的な印象をもたれてしまう可能性があるとき，否定的な印象をもたれるのをできる限り避けようとして行う自己呈示のことです。防衛的自己呈示には，弁解や正当化，謝罪，セルフ・ハンディキャッピング，社会志向的行動などがあります（**表6-4**：安藤，1994; 深田，1998）。

弁解は，相手から悪い印象をもたれないように，自分の否定的な行為に対する責任をできるだけ軽減しようとして行われる自己呈示です。これには，意図の否定，自由意思の否定，状況要因の強調などの方略があります。

正当化は，自分の行為が非難されるようなものではないことを主張する自己呈示です。これには，誤解の強調，因果応報の主張，社会的比較などの方略があります。

謝罪は，自分の行為が非難に値することを認め責任をとることを言明するものですが，内心は悪いと思っていないにもかかわらず，他者による非難や報復を避けようとしてこれを行うときに，自己呈示となります。これには，罪悪感・悔恨・困惑の表出，何が適切な行為であったかを認識し反省していることの言明，正しい行為がこれから行われることの保証などの方略があります。企業や政治家の謝罪会見などを見ても，本音からの謝罪というより自己呈示としての謝罪が目立ちます。

セルフ・ハンディキャッピングは，自分が否定的な評価を受ける可能性があるときに，前もって自分にはハンディキャップがあることを主張したり，実際にハンディキャップをつくり出すことで，失敗による評価の低下や印象の悪化を予防しようとする自己呈示です。たとえば，久しぶりにスキーをするときに「スキーをするのは5年ぶりだからうまく滑れるかどうか」と言ってみたり，スポーツ・テストや学科試験の場で「今日はちょっと体調が悪くて」と言って

表 6-4　　防衛的自己呈示

[防衛的自己呈示とは]

他者から否定的な印象をもたれたり，もたれる可能性があるとき，自分の印象をそれ以上損なわないようしたり，否定的な評価を免れようとしたりする試み。

　弁　解……意図の否定，自由意思の否定，状況要因の強調。

　正当化……誤解の強調，因果応報の主張，社会的比較の強調。

　謝　罪……罪悪感・悔恨の表出，反省の言明，今後の改善の保証。

　セルフ・ハンディキャッピング……ハンディキャップの強調，ハンディキャップをつくり出す。

　社会志向的行動……望ましい行動をとる。

みたりするのも，セルフ・ハンディキャッピングの一種といえます。

　社会志向的行動は，社会的に評価される価値ある行動をとることで，問題となっている不適切な行動が偶発的なものであるといった印象をつくり出そうとする自己呈示です。たとえば，ある人物をいじめているのをだれかに知られた後で，その人物に対して親切な行動をこれ見よがしにとったりする方略です。

2. 主張的自己呈示

　主張的自己呈示とは，他者に特定の印象を与えることを意図して積極的に行う自己呈示のことです。主張的自己呈示には，取り入り，自己宣伝，示範のような肯定的な印象を与えようとするものと，威嚇や哀願のような否定的な印象を与えようとするものとがあります（表6-5；安藤，1994; 深田，1998）。

　取り入りは，相手から好意的印象を得るために，相手のごきげんをとるような行動をとる自己呈示で，とくに自分に影響力の大きい相手に対して行われることの多いものです。これには，上司や先輩，取引先や顧客に対して行いがちな他者高揚（お世辞）や意見同調があります。

　自己宣伝は，自分が有能な人物，相手にとって役に立つ人物であるといった印象を与えるために，誇張した自己描写を行う自己呈示です。入学試験や採用試験などの面接では，自分を良く見せるための自己宣伝を行うことになります。

　示範は，影響力を獲得するために，自分が立派な人物だという印象を与えようとする自己呈示です。献身的努力や自己犠牲的援助を演技として行う場合，それは本心からのものではなく自己呈示となります。

　威嚇は，相手を思い通りに動かすため，こちらの意に反した場合に否定的な結果がもたらされるのではないかという恐怖感情を生じさせる自己呈示です。

　哀願は，かわいそうな人物だといった印象を相手にもたせることで，大目に見てもらうとか援助してもらうなど，相手から何らかの報酬を得ようとする自己呈示です。

表 6-5　**主張的自己呈示**

【**主張的自己呈示とは**】

特定の印象を与えるのを目的として，積極的に自分の言動を組み立てていく
試み。

　　取り入り……他者高揚（お世辞），意見同調。

　　自己宣伝……有能さや人の良さの強調。

　　示　　範……献身的努力や自己犠牲的援助による立派さの演出。

　　威　　嚇……脅し文句。

　　哀　　願……哀れさの演出。

6.3　**非言語的コミュニケーション**

　非言語的コミュニケーションは，言語によるコミュニケーション以外のあら
ゆるコミュニケーションを含みます。非言語的コミュニケーションには，表情
や身ぶりなど身体動作（ボディ・ランゲージ），身体距離のとり方や座席のと
り方のような空間行動，話すテンポ・間のとり方や声の高さ・大きさのような
近言語的なもの，身体に触れたり抱擁したりといった身体接触などがあります。

6.3.1　視線や表情

　視線に関しては，好意を抱いている者同士の間では視線が触れ合う（アイコ
ンタクト）頻度が高いというデータが多いことから，視線は好意を示す機能を
もつとみなされています。視線の接触が多い相手，つまりこちらをよく見つめ
る相手は好意的印象を与えるということも示されています（表6-6）。

　ただし，視線のもつ意味は関係性によって異なります。見つめることが敵意
や競争心のサインとなることもあり，その場合は視線は好意でなく挑発的な意
味をもつことになります。他者から見つめられると生理的喚起が生じることが
GSR反応を用いた実験で示されていますが（ニコルズとチャンプネス，1971），
そこから快適な感情を経験することになるか不快な感情を経験することになる
かは，状況的な手がかりによります。相手が好意的な表情をしている異性であ
れば恋愛感情のようなものを経験するかもしれませんが，相手が険しい表情を
している競争相手であれば敵愾心を燃やすかもしれません（表6-6）。

　視線が接触することが誠実さのあらわれとみなされ，説得効果につながるこ
とも，いくつかの研究によって示されています。たとえば，女子大学生が空港
やショッピングセンターで，手紙を投函してほしいとか硬貨を貸してほしいと
いった頼み事をするという実験があります。その際，半分のケースでは相手の
目をじっと見つめながらお願いをし，残りの半分のケースではうつむいたりそ
っぽを向いたりしながらお願いをしました。その結果，顕著な差はみられなか
ったものの，じっと見つめながら頼んだ場合のほうが，相手は快く応じようと
しました（クラインク，1975）。

表 6-6　視線のもつ意味

視線のもつ意味は関係性によって異なってくる。

　　好意的文脈　→　肯定的感情を示す意味　＝　好意や愛情のサイン

　　敵対的文脈　→　挑発的な意味　　　　　＝　敵意や競争心のサイン

　　　　他者から見つめられると生理的喚起が生じる。
　　　　　　　　　　　　　↓
　　　状況的手がかりをもとに視線のもつ意味を推測。

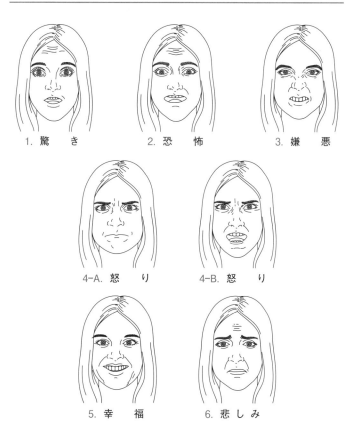

　1. 驚　き　　　　　2. 恐　怖　　　　　3. 嫌　悪

　4-A. 怒　り　　　　4-B. 怒　り

　5. 幸　福　　　　　6. 悲しみ

図 6-4　**基本的な情動に対応する顔の表情**（エクマンとフリーセン，1975 より作成）

　コミュニケーション場面で最も目立つ非言語的行動は顔の表情でしょう。エクマンとフリーセン（1975）によれば，顔の**表情**は，幸福，恐怖，驚き，怒り，嫌悪，悲しみという6つの基本的情動に対応して変化します（図6-4）。顔写真を用いて行われた，表情を読みとる実験では，これら基本的感情は表情からかなり読みとれることが確認されています。そして，このような基本的な情動に対応する表情は，文化を越えて共通であることが確認されています。13カ国（アメリカ，メキシコ，イギリス，ドイツ，フランス，ブラジル，チリ，日本など）の人たちにさまざまな表情の写真を見せ，どのような情動が読みとれるかを答えてもらう3つの実験の結果をみると，幸福，恐れ，驚き，怒り，嫌悪，悲しみの6つの基本的情動についての判断は，すべての国々でかなり一致していました。とくに幸福の一致率が平均90％以上と高く，悲しみの一致率が32～90％と最も低くなっていました。このように微妙な文化差はあるものの，基本的な情動を表す表情は，非常に共通性が高いといえます。

　シモダたち（1978）は，日本人，イギリス人，イタリア人の学生にいくつかの感情や態度を表情で表現するように求め，その映像を他の国の学生に見せて表情を読みとらせる実験をしています。その結果，日本人の表情の解読が最も難しいこと，とくに幸福と友好性を表す表情は読みとりやすいものの否定的感情や態度の表情は読みとりにくいことが示されました。このような結果から，日本人はイギリス人やイタリア人と比べると表情は抑制的で，とくに否定的感情はあまりはっきり表情に表さないということがわかります（大坊，1998）。

6.3.2　空間行動

　対人距離のとり方や座席のとり方のような**空間行動**も，私たちが日常的によく用いる非言語的コミュニケーションです。ホール（1966）によれば，対人距離は，密接距離，個体距離，社会距離，公衆距離の4つの距離帯に分けることができます（表6-7）。私たちは，このような4つの距離帯を相手との関係の性質や自分自身の目的に応じて使い分けています。

　座席のとり方もコミュニケーションにとって大切です。たとえば，長方形のテーブルを囲んで集団で話し合う場面で，短い一辺に座るリーダーは課題中心

表 6-7 ホールによる 4 つの対人距離帯

密接距離（45 cm 以内）
相手の息づかいや匂いがわかるきわめて近い距離。
親密な間柄にある者同士がとるもの。

個体距離（45〜120 cm）
手を伸ばせば相手の身体に触れることができる距離。
私的なコミュニケーションに用いられる。

社会距離（120〜360 cm）
相手の身体に触れることができない距離。
公式のコミュニケーションに用いられる。

公衆距離（360 cm 以上）
個人的なやりとりはできない距離。
個人と個人のコミュニケーションでなく，多くの聴衆に対するコミュニケーションに用いられる。

のリーダーシップをとり，長い一辺の中央に座るリーダーは人間関係を重視するリーダーシップをとることがわかっており，またテーブルの角に座る人は話し合いに積極的に参加したくない人だということがわかっています（ハレとベイルズ，1963）。教室でも，参加する姿勢のある学生は前のほうに座りますが，参加する姿勢の乏しい学生は後ろのほうに座る傾向があるのは，教師なら経験的に知っていることです。実際，教室で前のほうに座る学生は後ろのほうに座る学生よりも成績が良いことも確かめられています（レヴィンたち，1980）。

　2人場面に関しても，図6-5のような長方形のテーブルでは，話をする場面では角をはさんで座ったり，向き合って座ったりすることが多く，協力し合う場面では横並びに座ることが多く，お互いに無関係に作業をする並行作業場面では距離もあり相手も見えにくい斜向かいの席を選ぶことが多く，競争する場面では向き合って座ることが多いことが示されています。図6-6のような丸テーブルの場合は，話をする場面では63％が隣同士の席を選び，協力し合う場面では83％が隣同士の席を選び，並行作業場面では51％が向かい側の席を選び，競争場面では63％が向かい側の席を選びました（ソマー，1969）。このように相手との関係性によってとる席が違ってくることがわかっています。

6.3.3　身体動作と身体接触

　人がだれかとかかわる際に用いる非言語的行動を100以上並べたリストを渡し，その中からとくに否定的な印象を与えるものと，とくに肯定的な印象を与えるものを抽出してもらうという調査もあります。結果をみると，最も否定的な印象を与える非言語的行動として，眉をひそめる，天井を見つめる，立ち去る，あくびをする，あざ笑う，冷たい目つきで見つめる，首を横に振る，よそ見をする，爪の掃除をするなどがあげられました。一方，最も肯定的な印象を与える非言語的行動としては，触れたり近づいたりする，見つめる，微笑む，うなずく，ジェスチャーを交える，目を見開く，眉を上げる，相手のほうに身体を向けるなどがあげられました（クロアたち，1975）。多くの研究結果によれば，一般に，身体の姿勢が開放的，前かがみ，寛いでいる，身体が相手のほうを向いていることなどが，好感を与える姿勢といえるようです。

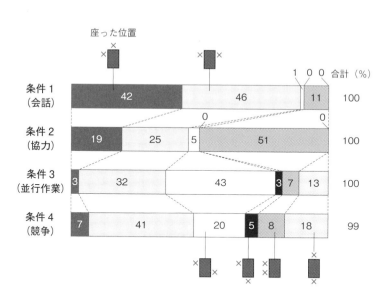

図 6-5 　2 人の関係と座席の選択——四角いテーブルの場合
（ソマー，1969 より作成）

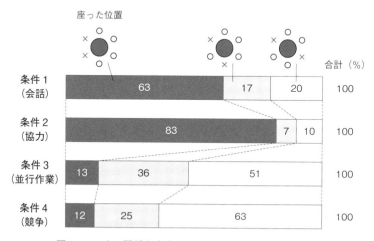

図 6-6 　2 人の関係と座席の選択——丸いテーブルの場合
（ソマー，1969 より作成）

7

交渉と説得的コミュニケーション

7.1 交渉のための「枠組み」

7.1.1 正の枠組みと負の枠組み

　交渉を進めるにあたって，どのような枠組みを意識するかによって，交渉の行方は違ってきます。利得に目を向けるのが「**正の枠組み**」，損失に目を向けるのが「**負の枠組み**」です。ニールとベイザーマン（1985）は，労使間の賃上げ交渉を例に，この2つの枠組みの違いを説明しています。組合側は，従業員の時給を現行の10ドルから12ドルに引き上げるように要求します。現在のインフレ状況においては，時給12ドルでないとやっていけないというのが組合側の要求の根拠です。それに対して，経営者側は，時給を現行の10ドルから引き上げるのはどうみても無理だと抵抗します。両者の主張は真っ向から対立し，交渉が難航します。

　その場合，現実的な妥協点は両者の主張のちょうど中間に当たる11ドルですが，それに対して，組合側は要求額の12ドルと比べて1ドルの損失と感じ，経営側は現行の10ドルと比べて1ドルの損失と感じるため，なかなか合意できません。「負の枠組み」を意識すると，11ドルに対して双方とも「1ドルの損失」と受け止めるため，なかなか譲歩する気になれないのです（図7-1）。

　そこで必要なのが，中間点という妥協点のとらえ直しです。11ドルに対して，組合側が現行の10ドルと比べて「1ドルの得」となると受け止め，経営側も組合側の要求額の12ドルと比べて「1ドルの得」となると受け止めれば，両者とも譲歩しやすくなります。「負の枠組み」でなく「正の枠組み」を意識することで，譲歩することへの抵抗感が和らぐのです（コラム7-1）。

　カーネマンとトヴェルスキー（1979）の**プロスペクト理論**では，損失感は利得感よりも意思決定に対して強い影響力をもつと考えます。たとえば，私たちは，不確実だけれど大きな利益につながる可能性のある選択肢よりも，少なめでも確実に利益が得られる選択肢を選ぶ傾向があります。利益がいくらか少なくなるよりも，利益を得る機会を失うことを避けようとするわけです。ゆえに，利益が得られるのであれば，多少の譲歩はしやすくなります。「正の枠組み」を意識すると合意に至りやすいのは，そのためです。

時給 10 ドルのところ，組合が 12 ドルを要求する場合，
妥協点は 11 ドルと考えられる。

【負の枠組み】

> 組合側：要求の 12 ドルと比べる→「11 ドルだと 1 ドル損する」
> 経営側：現行の 10 ドルと比べる→「11 ドルだと 1 ドル損する」

共に譲歩しにくく，交渉は難航

【正の枠組み】

> 組合側：現行の 10 ドルと比べる→「11 ドルなら 1 ドルの得になる」
> 経営側：相手方の要求の 12 ドルと比べる→「11 ドルなら 1 ドルの得になる」

共に譲歩しやすく，合意に至りやすい

図 7-1　「負の枠組み」「正の枠組み」

コラム 7-1　「正の枠組み」を活かす

　ニールとベイザーマン（1985）が行った交渉実験でも，「負の枠組み」をもつ交渉者は譲歩を損失とみなし，なかなか譲歩しないため，合意が困難になりました。一方，「正の枠組み」をもつ交渉者同士の場合に，最もスムーズに，かつ両者ともに納得のいく形で合意に至ることができました。

　そこで大切なのは，相手側にも「正の枠組み」をもってもらえるように働きかけることです。こちらの当初の要求からの譲歩分に目を向けてもらうのです。相手側の獲得分をアピールするのです。こちら側の具体的な譲歩事項を説明することで，自分側の譲歩による損失分にばかり目を向けていた相手も，自分側の獲得分に気づくことができます。折り合いをつけていくプロセスで，損失分でなく獲得分を意識してもらえるような説明ができるかどうかが鍵となります。

7.1.2　双方の利益の最大化という視点

1. 固定和幻想

　交渉においては，双方の利害が対立するのが原則です。売り手が最初に提示した価格より安くなれば，買い手が得をする分，売り手は損をすることになります。それゆえ，相手の要求に合わせて譲歩するとこちらが損をするので，できるだけ抵抗しなければならないといった発想が身に染みついています。

　ところが，場合によっては，すべての交渉点に関して自分側の利益の最大化を目指すよりも，譲るべき点は譲って交渉したほうが，自分側の利益も相手側の利益も大きくなるということが起こってきます。利益の総量が一定でない場合です。それに気づかずに交渉に臨むと，得られるはずの利益を取り損なうことになります。そこには，固定和幻想が働いています（ベイザーマン，1983;ベイザーマンとニール，1983）。双方の利益の最大化という観点からは，この固定和幻想が問題となります（トンプソンとヘイスティ，1990）。固定和幻想とは，相手が得をすれば自分が損をするというように，利益の総量が一定であると思い込むことです。したがって，固定和交渉と変動和交渉の違いを踏まえておくことが必要となります（トンプソン，1990a，1990b）。

2. 固定和交渉と変動和交渉

　固定和交渉とは，一方の利益が増大すれば，その分だけ他方の利益が減少するタイプの交渉のことです。固定和というのは，利益の総量が固定されていることを意味します。そこでは両者の利害は対立します。たとえば，自動車を買うのに，買い手は 200 万円以内の予算での購入を考えており，売り手は 150 万円以上で売らないと利益が出ないとします。その場合，買い手は 200 万円以内のできるだけ安い価格で買えるように，売り手は 150 万円以上のできるだけ高い価格で売れるように交渉することになります（図7-2）。150 万円と 200 万円の価格の間で，利益の総量 50 万円をどう分配し合うかの交渉といえます。

　それに対して，変動和交渉とは，利益の総量が変動的で，一方の利益の増大がそのまま他方の利益の減少につながらないタイプの交渉のことです。複数の争点があり，その優先順位が双方で異なっている場合に，このような交渉となります。プルイットとルイス（1975）があげる例はやや複雑なので，わかりや

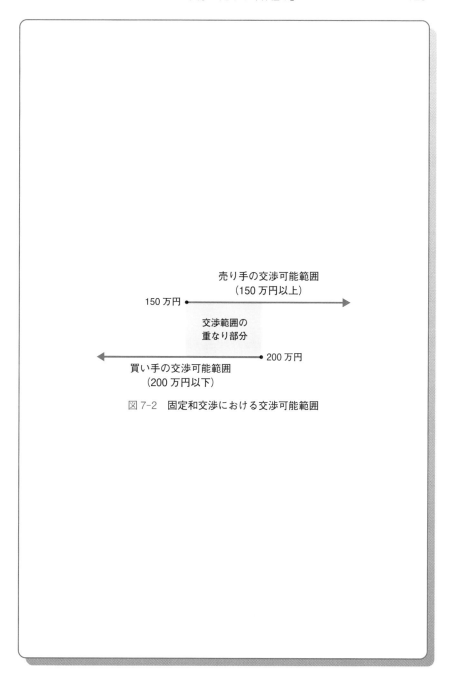

図 7-2　固定和交渉における交渉可能範囲

すいように大胆に簡略化して説明しましょう（表7-1）。たとえば，資源を売るA社とそれを購入して製品化に用いるB社が，鉄と石炭の価格交渉をするとします。A社はどちらも価格1に近い価格での合意にもっていこうとし，B社はどちらも価格5に近い価格での合意にもっていこうとします。もし中間の価格3で決まるとすると，A社もB社も利益は140万円になります。重要なのは，A社にとっては石炭より鉄のほうが大きな利益につながり，B社にとっては鉄より石炭のほうが大きな利益につながるため，それぞれの優先順位が異なるということです。それに気づくことができれば，中間点で妥協するよりも双方の利益を大きくすることができます。極端なことをいえば，A社は石炭ではB社が望む価格5に譲歩し，自社の利益が0になっても，その代わりにB社が鉄ではA社が望む価格1に譲歩してくれれば，それぞれが200万円の利益をとることができるのです。もし，双方が譲らず，鉄でも石炭でも中間点の価格3で合意したとすると，A社の利益もB社の利益も140万円となり，優先順位を考慮して譲り合った場合と比べて，両社とも60万円の損失となってしまいます。

　現実の交渉は，これほど単純ではありませんが，変動和交渉という枠組みを念頭に置くことで，より生産的な交渉を行う可能性が広がってくるはずです。

7.2　説得的コミュニケーション

7.2.1　説得的コミュニケーションとは

　説得とは，『社会心理学事典』によれば，「送り手が，主に言語的コミュニケーションを用いて非強制的なコンテクストの中で，納得させながら受け手の態度や行動を意図する方向に変化させようとする社会的影響行為あるいは社会的影響過程」ということになります。わかりやすくいえば，説得というのは相手の態度をこちらの思う方向に変化させようとすることであり，その際に用いるのが説得的コミュニケーションということになります。

　マクガイア（1985）によれば，説得的コミュニケーションは，説得的メッセージに接して行動が変化するまでの一連の過程であり，そこには①接触，②注

表 7-1　利益総量が一定でない変動和交渉の例

【鉄】

	価格 1	価格 2	価格 3	価格 4	価格 5
A 社の利益	200	150	100	50	0
B 社の利益	0	20	40	60	80

（万円）

価格 1 で決まると A 社の利益は 200 万円と最大化されますが，B 社は利益がなくなります。価格 5 で決まると B 社の利益は 80 万円と最大化されますが，A 社は利益がなくなります。

【石炭】

	価格 1	価格 2	価格 3	価格 4	価格 5
A 社の利益	80	60	40	20	0
B 社の利益	0	50	100	150	200

（万円）

価格 1 で決まると A 社の利益は 80 万円と最大化されますが，B 社は利益がなくなります。価格 5 で決まると B 社の利益は 200 万円と最大化されますが，A 社は利益がなくなります。

目，③理解，④承諾，⑤保持，⑥検索，⑦決定，⑧行動という段階があります（コラム 7-2）。

7.2.2　説得的コミュニケーションの 4 つの要因

ホヴランドたち（1953）は，説得効果を規定する要因として，①送り手，②内容，③媒体，④受け手の 4 つをあげています。

1.　送り手の要因

信用できそうな人物，魅力的な人物は説得力があります。したがって，説得力を高めるための第一歩は，「送り手」の信頼度を高めること，「この人（企業，店）は信用できそう」といった印象を与えることです。服装や言葉づかいを気にするのも，信頼できる印象を与えたいからに他なりません。何よりも重要なのは，説得内容に関連した知識や情報を十分に吸収し，専門性を高めておくことです。それが信頼につながります。また，魅力も説得力につながります。人の話に耳を傾け，言葉と心のキャッチボールができる人は，間違いなく魅力的人物といった印象を与えます。好印象を与える人の話は，抵抗なく心の中にスッと入ってきます。このように信頼や魅力があるかどうかで，同じ説得内容であっても説得力に大きな差が出ます。

2.　内容の要因

説得的コミュニケーションの要となるのは，もちろん内容です。信頼性の高い内容でなければ，なかなか相手に受け入れられないでしょう。だからといって，伝えたい内容をただ説明すればよいというわけではありません。信頼できる内容であっても，それをうまく伝えることができなければ，相手の関心を引きつけたり，相手の行動に影響を与えたりすることができません。そこで，説得的コミュニケーションについては，さまざまな効果的な技法が考案されています（具体的な技法については，7.4 節で解説します）。

3.　媒体（メディア）の要因

視聴覚メディアには説得力を高める効果があることから，視聴覚メディアを駆使して説得力を高める工夫が盛んに行われています。パワーポイントなどで図解し，チャート式の流れを示すなど，視覚にアピールするというのはよく使

コラム7-2 説得的コミュニケーションの流れ

あなたがある会社の人事部の社員だとします。

ある日，受付から「ある研修会社の営業が社員研修としてコミュニケーション研修を紹介したい」といっていると連絡がきました（①接触）。あなたはちょうど，次の社員研修を企画しなければならないと思っていたので，会って話を聞くことにしました（②注目）。

その研修会社の営業は，最近の若手社員のコミュニケーション能力欠如の現状，コミュニケーション能力とモチベーションとの関係，仕事におけるコミュニケーションの重要性などを順序だててわかりやすく説明していきます。話が終わるころには，まったくそのとおりだと納得し（③理解），コミュニケーション研修は絶対的に必要だという意見に賛同しました（④承諾）。こちらが社内会議にかけて検討することを約束すると，研修会社の営業は帰っていきました。

それから数日後，あなたの会社の若手社員が人事部に駆け込んできました。「上司が自分の失敗を一方的に非難し，自分のいい分をまったく聞いてくれなかった。その後，ずっと否定的な目で見られている気がして精神的に参っている」と感情的に訴えています。この場に遭遇したあなたは，「あの研修会社の営業がいっていたように，社員同士がお互いをわかり合えるようになるためには，コミュニケーション研修の実施が必要だ」と改めて感じました（⑤保持）。

あなたは，研修の実施を決定する会議に向けて資料をつくるため，ほかの研修会社のコミュニケーション研修についても調査し，比較・検討することにしました。内容や種類，料金，効果，評判など，多方面から検討します（⑥検索）。会議では，作成した資料にもとづいて話し合いが行われ，最終的に，営業にやってきた会社の研修がよいということになり（⑦決定），依頼しました（⑧行動）。

このように，事例で示すと，各項目についてのイメージがつかめると思います。とはいっても，私たちは説得的コミュニケーションを使うごとに，これが「接触」，これが「承諾」といちいち意識しているわけではありません。ですが，この流れを念頭に置くと置かないとでは，説得的コミュニケーション能力の高まりに雲泥の差が出ます。成功例や失敗例を振り返り，①〜⑧のどの部分で失敗したのか，あるいは成功したのかを考えることは，ただ漠然となぜ失敗したのかと考えるより，はるかにポイントが明確になり，反省を次に活かしやすくなるのです。

（立花　薫（著）榎本博明（監修）『論理的に説得する技術』サイエンス・アイ新書）

う手段です。音響効果を利用することもあります。動画を用いることもありますが、映像には、理屈抜きに感覚にアピールしたり、感情を喚起するなど、説得を受け入れやすい心理状態に導く力があります。とくにストーリー性のある映像は、人の気持ちを動かす力をもちます。

4. 受け手の要因

　同じ説得でも、相手によって効果が異なります。相手の性格や興味、価値観、知的好奇心や知的水準によって、対応を工夫することも大切です。権威主義的な人物は、専門家や専門誌を引き合いに出すと説得されやすい心の状態になります。野球が好きな人物は、野球談義によって気持ちがほぐれ、話を聴いてみようという心の構えになります。社会貢献に価値を置く人物は、いかに社会の役に立つか、利潤追求に価値を置く人物は、いかに大きな利益を生むかに焦点づけたプレゼンによって、提案を受け入れやすい心の準備状態になります。知的好奇心の乏しい人物に対しては、具体的で単純明快な説明が効果的であり、詳しく説明しようとすると、かえっていらつかせることになりがちです。逆に、知的好奇心の強い人物は、単純すぎる説明を疑わしく感じたり、押しつけがましく感じたりするため、製品や提案の長所だけでなく短所も示したり、背景となる事情を解説するなど、多面的な情報を用いて説明しないと納得してもらえません。

　説得力ある説明や交渉をしたいと思うなら、このような要因を念頭に置いて対処することが大切です。いくら説得内容に自信があっても、不信感をもたれたり、めんどくさがられるなど、相手側の心理的抵抗が障害になることがあります。心理的抵抗を示す相手に対して、いくら視聴覚メディアを駆使して説得しようとしたところで、多くの場合は徒労に終わります。まずは、相手の心理的抵抗を和らげる必要があります。

　ノールズとリン（2004）は、説得への心理的抵抗の4つの要因をあげています。これらの要因が働く具体的な事例については、コラム7-3を参照してください。

コラム7-3 説得への心理的抵抗の4つの要因

①リアクタンス

タンスを買おうと思って家具店に出かけ，候補をAとBの2つに絞ってじっくり検討し，Aの方がよさそうだということになり，翌日お金をもってAを買いに来ることにしたとします。翌日，家具店のタンス売り場に行ってみると，Bのタンスに「売約済み」と書いた紙が貼ってあります。そうすると，急にBが魅力的に思えてきて，店員をつかまえて，Bを取り寄せることはできないのかと訊いたりします。（中略）昨日はじっくり検討してBよりAの方がいいと思ったくせに，選択肢Bが奪われると，急にBがほしくなるのです。

②不信

説得者の与える印象も説得への抵抗感を生むことがあるので，服装や言葉づかいに注意するのは当然として，内面の心構えにも注意が必要です。相手方に対して誠意をもって臨んでいるか，自分の利益ばかりしか眼中にないかは，雰囲気で直感的に伝わります。

③吟味

重要な交渉ではだれもが慎重になります。相手方の批判的思考や検討に耐えられるように，こちら側の主張の根拠を多面的に示すなど用意周到に資料を作成しておく必要があります。

また，万一の質問に戸惑わないように，あり得る質問をシミュレーションしながら，回答のための資料も用意しておくべきでしょう。弱点を突かれた場合の説明も考えておき，そのための資料も用意してあれば説得力が増します。

④惰性

何に関しても現状を変えるには相当なエネルギーがいるため，よほどのことがないかぎり現状維持を続けたがる習性が私たちにはあります。そこを打破しない限り，売り込みや提案の交渉で先に進むことはできません。

そのため，現状ではどんな行き詰まりが想定されるか，変えることでどんなメリットが期待されるかを，データや事例を駆使して，具体的にイメージできるように示していく必要があります。

（榎本博明『仕事で使える心理学』日経文庫）

7.3　説得的コミュニケーションの情報処理モデル

　説得のしやすさ，されやすさを情報処理の観点から検討することもできます。チェイケン（1980）は，説得を受けたときの情報処理プロセスをシステマティック処理とヒューリスティック処理に区別する**二重プロセス理論**を提起しています。**システマティック処理**とは，入手可能な情報を慎重に考慮し，あらゆる角度からじっくり検討して判断する情報処理スタイルを指します。**ヒューリスティック処理**とは，簡便な情報処理法のことで，断片的な情報や特定の情報に反応して直感的にすばやく判断する情報処理スタイルを指します（図7-3）。

　本来，重要な判断をする際に，システマティック処理をするのは当然のことであり，だれもが自分はじっくり検討して最適な判断をしているつもりでいます。ところが，無意識のうちにヒューリスティック処理を用いて，考慮すべき情報を無視したり，じっくり検討するのを忘れてしまうのも珍しいことではありません。自分でじっくり考えて検討する労力を節約しようという無意識的な衝動に負けて，あるいはじっくり検討するだけの知識がなくてよくわからないため，ついヒューリスティック処理に頼ってしまうのです（表7-2）。

　労力の節約によって不利な条件で契約したり，愚かな選択をしたりしないためには，説明責任を意識することです。物事を判断する際に，緻密に考えようとする人は認識的動機が強い人といえます。認識的動機とは，物事を理詰めで理解したがる傾向を指します。反対に，緻密に考えずに安易に判断しがちな人は認識的動機が弱い人といえます。認識的動機の強い人はシステマティック処理を行うことが多く，認識的動機の弱い人はヒューリスティック処理を行うことが多いことがわかっています。同じ人でも，説明責任を意識すると，認識的動機が強まります。あらゆる情報を理詰めで検討しないと，なぜそのように判断したかを説明することができないからです。何となく良いと思った，あの人が推薦するのだから間違いないと思った，高価なほうが性能が良いと判断した，あの百貨店に出店してるから大丈夫だと思った，などというのでは説明責任を十分果たせません。説明責任を意識することによって，あらゆる情報や条件に目を向け，集中力をもってじっくり検討する姿勢をとらざるを得なくなります。

システマティック処理

　入手可能な情報を慎重に考慮し，あらゆる角度からじっくり検討して判断する情報処理の仕方。

ヒューリスティック処理

　断片的な情報や特定の情報に反応して直感的にすばやく判断する情報処理の仕方。簡便な情報処理法。

図7-3　二重プロセス理論（チェイケン，1980）

表7-2　ヒューリスティック処理の例

「A社も採用しているというのだから問題ないだろう」
「あの人が推薦するのだから間違いないだろう」
「高価なほうが性能が良いに違いない」
「あの有名人がCMに出てるから安心だ」
「あの百貨店にも出店してるというのだから大丈夫だろう」

とくに忙しくて余裕のないときや疲れているときは，ふっと気が抜けて，ヒューリスティック処理で安易な判断をしてしまいがちなので要注意です。

7.4　説得的コミュニケーションの技法

7.4.1　心理的負債感の効果

　人から親切にしてもらったり，便宜を図ってもらったりした場合，こちらもできることがあれば何かしてあげたいという気持ちになるものです。それを**心理的負債感**といいます。心理的に借りがある状態です。それによる「お返しの心理」が説得効果をもたらすことは，だれもが日常的に経験しているはずです。

　リーガン（1971）は，2 人 1 組の実験への協力を求めました。そのうちの 1 人は常にサクラでした。条件は 2 通り設定され，第 1 条件では，実験途中の休み時間に，サクラがコーラを買って差し入れてくれます。第 2 条件では，2 人ともただ休むだけで，コーラの差入れはありません。それからまた実験が再開されます。実験終了後に，サクラがあるチケットを購入してくれないかと頼みます。実験の目的は，チケット購入の依頼に対する反応が条件によって異なるかどうかを確かめることでした。結果をみると，差入れをもらった人たちのほうが 2 倍ものチケットを購入していました。チケットの金額はコーラの 2 倍もするにもかかわらず，差入れをもらった人たちの購入枚数は，平均して 2 枚以上になりました。まさに，差入れによって生じた心理的負債感による「お返しの心理」が，チケット購入という説得への承諾行動をもたらしたわけです。

7.4.2　フット・イン・ザ・ドア技法

　フット・イン・ザ・ドア技法とは，はじめに小さい要求をして受け入れさせてから本来の要求をする手法のことです（図 7-4）。小さい要求をいったん受け入れてしまうと，その後に突きつけられる大きな要求を断りにくい心理状態になります。その背後にあるのは，自分は一貫性のある人物でありたいという欲求です。フェスティンガーの認知的不協和理論によれば，人はだれでも自分の心の中に一貫性をもたせたいと思い，矛盾を嫌います。そこにつけ込む技法

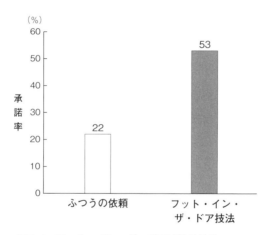

図7-4　フット・イン・ザ・ドア技法の効果
（フリードマンとフレーザー，1966より作成）

といえます。

　フリードマンとフレーザー（1966）は，フット・イン・ザ・ドア技法について多くの実験を行い，その説得効果を実証しています。たとえば，調査員が見ず知らずの主婦たちに電話をして，家庭の台所用品の調査に協力してほしいと頼む実験があります。その中の 2 つの条件を比較してみましょう。第 1 の条件では，1 度目の電話では台所用品の調査への協力を頼み，同意した人に，その電話で台所用品についての簡単なアンケートに答えてもらいます。そして，3 日後に 2 度目の電話をして，今度 5 〜 6 人の調査員がお邪魔して台所用品をチェックさせてください，2 時間くらいですみますと言って，大がかりな調査への依頼をします。第 2 の条件では，1 度目の電話でいきなりその大がかりな調査への協力を依頼します。大がかりな調査を受け入れた人の比率は，第 2 条件の 22％に対して，第 1 条件では 53％と，2.5 倍近くになりました（図 7-4）。

7.4.3　ドア・イン・ザ・フェイス技法

　ドア・イン・ザ・フェイス技法とは，はじめに過大な要求をもちかけ，相手が抵抗を示したとき，間髪を入れずに，それよりも受け入れやすい本来の要求をもち出す手法のことです。相手が譲歩してくれると，こちらも譲歩しなければといったお返しの心理が働きます。また，過大な要求を突きつけられた後に，それより受け入れやすい要求を提示されると，対比効果が働いて，実際以上に小さな要求に感じられます。

　チャルディーニたち（1975）は，通行人に献血を依頼する実験により，この技法の効果を検証しています。結果をみると，いきなり「献血にご協力いただけませんか」と頼んだ場合の承諾率が 32％だったのに，「今後数年間，2 カ月ごとに献血していただく契約を結んでいただけませんか」と無理な要求をぶつけて，断られた後に，「では，今回一度きりでけっこうですから，献血にご協力いただけませんか」と頼むと，承諾率は 49％に跳ね上がりました（図 7-5）。

7.4.4　ザッツ・ノット・オール技法

　ザッツ・ノット・オール技法とは，好条件を後から追加する手法のことです。

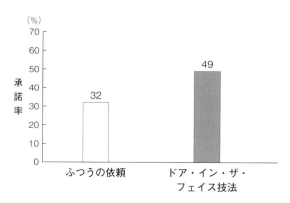

図 7-5　ドア・イン・ザ・フェイス技法の効果
（チャルディーニたち，1978 より作成）

後から追加するほうがお得感があるといった心理効果を狙ったものといえます。

　バーガー（1986）は，ケーキの販売場面を使った実験をしています。ケーキには値段をつけずに，客から聞かれたら答えます。その際，2 つの条件を設定しました。第 1 条件では，値段を聞かれたら，まず最初に「75 セントです」と答え，しばらくしてから「クッキー 2 枚のおまけつきの値段です」と付け加えます。第 2 条件では，値段を聞かれたら，最初から「クッキー 2 枚とセットで 75 セントです」と答えます。ケーキを購入した客の比率をみると，第 2 条件では 40％だったのに対して，第 1 条件では 73％と 2 倍近くになりました（図 7-6）。

　クッキーをおまけにつける代わりに，値引きを付け加えるという実験も行われました。第 1 条件では，値段を聞かれたら，まず最初に「1 ドルです」と答え，しばらくしてから「すぐに店を閉めたいので 75 セントに値引きします」と付け加えます。第 2 条件では，値段を聞かれたら，最初から「75 セントです」と答えます。ケーキを購入した客の比率は，第 2 条件では 44％だったのに対して，第 1 条件では 73％と 7 割ほど上回りました（図 7-6）。

7.4.5　ローボール技法

　ローボール技法とは，はじめに好条件を示し，相手がその気になったところで条件を吊り上げるという手法のことです。

　チャルディーニたち（1978）は，その有効性を証明する実験を行っています。大学の授業中の教室で，「単位として認めるので，心理学の実験に協力してほしいのですが」と呼びかけると，多くの学生が協力を申し出ました。そこで，「じつは，実験は今週の水曜日か金曜日の朝 7 時からになります」と説明します。朝 7 時からは早すぎるとだれもが感じます。最終的に協力を申し出た学生は 56％になりました。一方，はじめから今週の水曜日か金曜日の朝 7 時からという詳しい条件まで説明して呼びかけた場合は，協力を申し出た学生は 31％でした。最終的にはどちらも同じ条件なのに，最初に好条件だけ提示した場合，最初から悪条件も提示した場合と比べて，2 倍近い承諾率になったのです（図 7-7）。

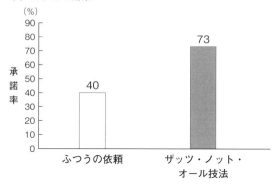

(1) おまけの効果

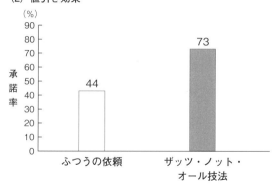

(2) 値引き効果

図7-6 ザッツ・ノット・オール技法の効果（バーガー，1986より作成）

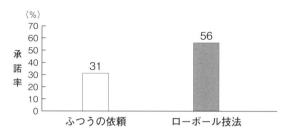

図7-7 ローボール技法の効果（チャルディーニたち，1978より作成）

8

集団心理と
リーダーシップ

8.1　集団に影響される個人の生産性

8.1.1　社会的促進と社会的制止

　私たちは，知らず知らずのうちに他者の影響を受けているものです。そこで問題となるのが，社会的促進と社会的制止です。

　社会的促進とは，他者の存在が個人の成績を向上させることを指します。トリプレット（1898）は，傍で同じ作業をしている他者がいるほうが，1人で作業するよりも，作業が促進されることを発見しました。この場合の社会的促進は，共行為者効果によるものですが，同じ作業をするのでなくても，ただ他者が見ているだけでも社会的促進が生じることがわかっています。それを観衆効果といいます。一方，他者の存在が個人の成績を低下させるといった報告もあり，それを**社会的制止**といいます。

　ハーロウ（1932）は，離乳したばかりのラットを用いた実験で，1日おきに単独で食べさせたり，仲間と一緒に食べさせたりしました。その結果，単独でいるときより仲間と一緒にいるときのほうが一貫してよく食べていました（図8-1）。チェン（1937）は，アリの巣作りの観察実験により，単独で巣作りするときより仲間とペアになって巣作りするときのほうが，明らかに掘り出された土の量が多いことを確認しています（図8-2）。

　ザイアンス（1965）は，他者の存在が作業を促進したり抑制したりする現象を説明するため，「他者の存在が生理的覚醒水準あるいは動因を高める」という説を提起しました。生理的覚醒水準が高まると，優勢反応が出やすくなります。習熟した作業や単純な作業の場合は，優勢反応が正しい反応であるため，他者の存在が成績の向上をもたらしますが，まだ習熟していない作業や複雑な作業の場合は，優勢反応が誤反応であるため，他者の存在が成績の低下をもたらすというのです。ハントとヒラリー（1973）は，迷路学習課題を用いて，ザイアンスの仮説を検討しました。そして，単純な迷路の場合は他者がいるときのほうが成績が良いのに対して，複雑な迷路の場合は他者がいないときのほうが成績が良いというように，ザイアンスの仮説に沿った結果が得られました（表8-1）。

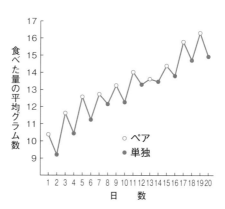

図 8-1　単独のときと仲間と一緒のときの食事量
（ハーロウ，1932; ザイアンス，1965）

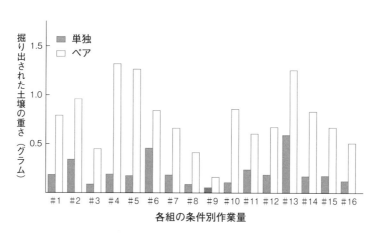

図 8-2　単独のときと仲間と一緒のときの作業量
（チェン，1937; ザイアンス，1965）

　スポーツや楽器演奏，講演などでも，プロの人のように十分習熟している場合は，観衆がたくさんいるほうがモチベーションが上がり上手にできるでしょう。つまり，社会的促進がみられます。しかし，まだ未熟な場合は，観衆がいると緊張してうまくいかなかったりして，社会的制止がみられがちです。このような傾向も，ザイアンスの仮説に沿ったものといえます。

　コットレル（1972）は，評価する立場にある他者や重要な他者がいるときのほうが社会的促進が生じやすいことを見出し，他者による評価を気にする評価懸念が社会的促進を生じさせるとしました。

　ただし，ハーロウ（1932）やチェン（1937）の実験結果からすると，社会的促進を生じさせる要因は，評価懸念ばかりとはいえないでしょう。たとえば，1人だとだらけてしまうから図書館で勉強するというのもよくあることですが，その場合，図書館で知らない人たちがみんな静かに机に向かっている雰囲気に包まれて勉強に集中できるわけであって，その人たちからの評価を気にして頑張るわけではないはずです。

　さらには，評価を気にするあまり失敗するということもあります。その場合は，評価懸念が社会的制止の方向に作用することになります。ゆえに，社会的促進が作用するか社会的制止が作用するかは，ザイアンスのいうように習熟度によって違ってくることになります。

8.1.2　社会的手抜き

　第4章4.1.2項で責任の分散について説明しましたが，私たちは大勢の中に埋没すると，つい手を抜くということになりがちです。リンゲルマンは，綱引きをする際に，集団で行うときの引く力は，個人の引く力の合計より少なくなることを発見しました。ラタネたち（1979，1981）も，思い切り大声を出させる課題や精一杯拍手をさせる課題を用いて検討し，一緒にやる人数が増えるほど1人あたりの努力量が減ることを確認しました。

　このような社会的手抜きが起こる理由として，責任の分散が考えられます。みんなで一緒に行うということによって，一人ひとりの責任が軽減され，それが手抜きにつながるというわけです（図8-3）。

表 8-1　**迷路学習での間違いの平均回数**（ハントとヒラリー，1973; 岡，2001）

	1人	他者と一緒
単純迷路	44.67	36.19
複雑迷路	184.91	220.33

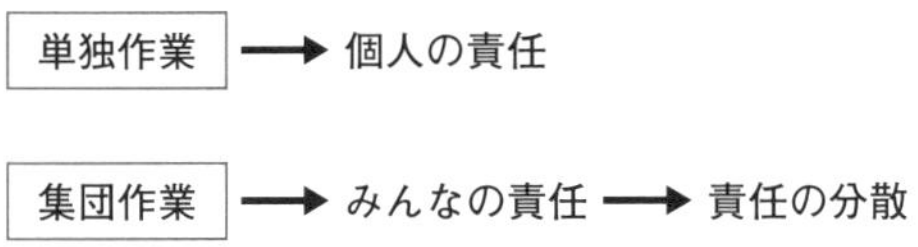

単独作業 ⟶ 個人の責任

集団作業 ⟶ みんなの責任 ⟶ 責任の分散

図 8-3　**社会的手抜きの原因は責任の分散**

　では，そのような手抜きを防ぐにはどうしたらよいのでしょうか。社会的手抜きの防止法として，表8-2のようなものがあります。個人の貢献度がわかるようにするというのは，集団に埋没するのを防ぐための最も効果的な方法といえます。もともとモチベーションの低い人は，個々の貢献度がわからないとなると，適当にさぼりやすくなります。他方で，モチベーションの高いタイプも，個々の貢献度がわからない場合，必死に頑張っても適当にやっている連中と一緒にされると思えば，意識せずとも努力量は減ってしまうでしょう。ゆえに，個人の貢献度がわかるようにするというのは，モチベーションの低い人にも高い人にも非常に効果的な手法といえます。課題に対する自我関与度を高めるというのは，チャレンジしたくなるような目標を与えるなどの工夫をすることです。他者に対する信頼感をもたせるというのは，集団のメンバー同士の交流を促し，相互の関係を良くしておくことを指します。ただ乗りするメンバーがいるといった不信感が漂うと，手抜きが横行しがちです。チームのみんなで力を合わせると困難も乗り越えられるというのは，課題に対する自我関与と他者に対する信頼が高い場合に起こることです。また，集団全体のパフォーマンスの変動についての情報が与えられることで，個々のメンバーは自分のパフォーマンスを意識させられ，手抜きをしにくくなると考えられます。

8.1.3　集団の凝集性と生産性

　集団のまとまり，結束力のことを集団凝集性といいます。フォーサイス（2006）は，集団凝集性に関するさまざまな定義を検討した上で，魅力，一体性，チームワークの３つの特質を統合したところに集団凝集性を位置づけました（図8-4）。魅力というのは，集団のもつ魅力のことですが，メンバー同士がお互いに感じる魅力と集団にとどまろうという思いによって決まってきます。一体性というのは，メンバーが感じる一体感のことですが，相互作用や価値観の共有によって生じる集団としてのまとまりや居場所感によって生じるものです。チームワークというのは，目標に向かってまとまって協働していくことですが，目標に向かっていく意欲や自分たちはやればできるという集団としての効力感によって支えられるものです。

表 8-2 **社会的手抜きの防止法**（釘原，2011 より作成）

1. 個人の貢献度がわかるようにする。
2. 課題に対する自我関与度を高める。
3. 他者に対する信頼感をもたせる。
4. 集団全体のパフォーマンスの変動についての情報が成員個々に与えられる。

　集団凝集性が高いことは一般に良いことと考えられています。実際，まとまりが良いことによって集団としても安定するし，メンバーも友好的な雰囲気に浸ることで安心や満足が得られ，居場所感が得られるなど，多くのメリットがあります。

　ただし，集団凝集性が高いことによる弊害も指摘されています。たとえば，内部で固まってしまい，新たなメンバーを受け入れにくいなど，集団が閉鎖的になりがちな面もあります。また，まとまりが良いことで同調圧力（第 9 章 9.2 節参照）が高まり，集団の決定に反対しにくい雰囲気になり，集団の規範から逸脱した行動に対して攻撃的な反応が出やすくなることもあります。

　一般に集団凝集性が高いほど生産性も高いと考えられがちですが，それは集団の規範と関係しています。集団が生産性の高さを志向している場合は凝集性の高さは生産性の高さと関係しますが，集団がとくに生産性の高さを志向していない場合は集団凝集性と生産性は無関係となります。ただの仲良し集団もあることを考えれば，納得のいくことです。

　ミューレンとクッパー（1994）は，集団凝集性と生産性の関係に関するこれまでの研究のメタ分析により，両者の間に.23 という相関が認められ，とくにスポーツ集団ではこれが高くなることを確認しています。さらに，集団凝集性から生産性への影響よりも生産性から集団凝集性への影響のほうがはるかに強いことも見出されました。ここからいえるのは，集団凝集性の高さが生産性を高めることも否定できませんが，生産性の高さが集団凝集性をより強固なものにするといった側面が非常に強いということです。スポーツでいえば，勝利するなど良い成績をあげることによって集団凝集性が高まるということになります。こうしてみると，集団の凝集性を高めるよりも，集団としての生産性を上げることのほうをまずは優先させるべきだといってよいでしょう。

8.2　リーダーシップのタイプと機能

8.2.1　リーダーシップに必要な要素

　レヴィンたち（1939）は，専制型，民主型，放任型という 3 つのリーダーの

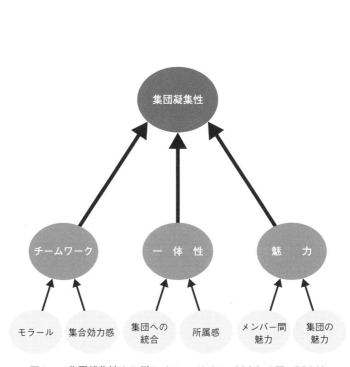

図 8-4　**集団凝集性のモデル**（フォーサイス，2006; 本間，2011）

タイプを設定してその影響を比較検討する実験を行いました（図 8-5）。その結果，専制型と民主型のリーダーのもとで作業成績が良いこと，民主型リーダーのもとでは集団の雰囲気も良好でメンバーの満足度も高いが専制型リーダーのもとでは作業量は多くても集団の雰囲気が悪く満足度も低いこと，放任型リーダーのもとでは作業量も作業の質も悪く集団としてのまとまりも悪いことなどが明らかになりました。つまり，民主型リーダーが最も効果的ということになったわけですが，この古典的研究をきっかけにリーダーシップのスタイルの違いによる集団への影響を検討する研究が盛んになりました。

　そうした流れの中で浮上してきたのが，リーダーシップのもつ 2 つの機能です（図 8-6）。それは，課題遂行（目標達成）を志向する機能と集団のメンバー同士の人間関係を志向する機能です。その後の多くの研究は，この 2 つの機能によってリーダーシップをとらえようとするようになりました。専制型は課題遂行のみに重点を置くリーダーシップスタイル，民主型はとくに人間関係やメンバーの満足度に配慮するリーダーシップスタイルといえます。その中でも代表的なのが，つぎの項目で取り上げる PM 理論です。

　リーダーにふさわしい性格特性を抽出しようという試みもあります。ジャッジたち（2002）は，特性 5 因子説（ビッグ・ファイブ）の 5 つの性格特性とリーダーシップの関係について，学生，ビジネス界，官庁・軍隊など 73 の集団を対象として検討しています。その結果，外向性がどの集団でも高くなっていましたが，学生では誠実性の高さが他の集団と比べて際立ち，ビジネス界では誠実性や協調性の低さが際立っていました（図 8-7）。

8.2.2　PM 理論

　三隅が提唱したリーダーシップ理論が PM 理論です（三隅，1966）。PM 理論の P はパフォーマンスの頭文字からとったもので，集団における目標達成や課題解決を促すことを指し，目標達成機能（P 機能）といいます。M はメンテナンスの頭文字からとったもので，集団の維持やまとまりを促す機能を指し，集団維持機能（M 機能）といいます。

　リーダーに求められる P 機能や M 機能として，具体的にどのような行動が

図8-5　リーダーシップの3つのスタイル（レヴィンたち，1939）

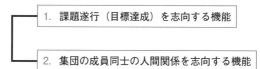

図8-6　リーダーシップに求められる2つの機能
PM理論もこの2つの機能で成り立っています。

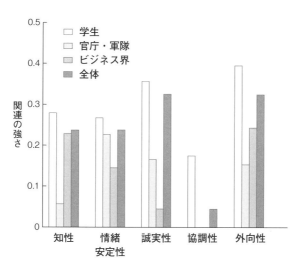

図8-7　ビッグ・ファイブとリーダーシップの関係
（ジャッジたち，2002；本間，2011を一部修正）

あるかを表に示しました（表8-3）。それぞれの機能を万遍なく発揮している
リーダーは多くはないでしょう。リーダーの性格もさまざまであり，P機能は
強いがM機能がやや弱いとか，その逆のタイプとか，それぞれに個性がある
ものです。リーダーシップを研究しているフィードラー（1967）なども，課題
志向のリーダーシップと人間関係志向のリーダーシップは同一人物の中に両立
しにくいとしています。リーダーとしては，P機能・M機能共に強いのが理
想ですが，現実的にはリーダーの苦手な機能をサブリーダーが補うなど，P機
能とM機能を分担するような工夫も必要でしょう。

　この2つの機能の強弱により，P機能もM機能も強く発揮するリーダーシ
ップをPM型，P機能のみ強く発揮するリーダーシップをPm型，M機能の
み強く発揮するリーダーシップをpM型，どちらの機能も弱いリーダーシップ
をpm型として，リーダーシップのスタイルを4つに類型化することができま
す（図8-8）。三隅たち（1979，1988）は，さまざまな企業の中間管理職を対
象に，リーダーシップスタイルと職場の活性度など生産性との関係についての
調査を行っています。その結果，PM型リーダーが最も有効であることが実証
されています。

8.2.3　社会的勢力

　人が人に及ぼす影響力，いわゆる**社会的勢力**に関して，フレンチとレイブン
（1959）およびレイブン（1965）は，報酬勢力，強制勢力，正当勢力，準拠勢
力，専門勢力，情報勢力の6つを指摘しています（表8-4）。
　報酬勢力も**強制勢力**も，有無を言わさぬ影響力として部下に迫るもので，部
下は納得のいかない場合でも仕方なく従うが，心から納得したわけではないた
め，心理的反発が予想されます。アドバイスもできない上司に仕方なく従うの
も，これらの勢力によるものといえます。**正当勢力**も，報酬勢力や強制勢力と
同様，「仕方なく」といったニュアンスが漂うものといえます。**準拠勢力**は，
「この人のようになりたい」といった同一視を基礎としており，好意的感情と
心理的一体感があるため，報酬勢力や強制勢力，正当勢力のような「無理や
り」とか「仕方なく」といった感じではなく，部下など影響力の受け手の側か

表 8-3　**目標達成機能（P 機能）と集団維持機能（M 機能）を担う行動**
（榎本，2014）

【P 機能】
1. 目標を明確化し，部下に目標をたえず意識させる。
2. 目標達成のための計画を立てる。
3. 部署としての方針を決め，それを徹底させる。
4. 目標達成のための方法を具体化し，それを部下にしっかり理解させる。
5. 部下に役割を割り振り，それぞれの役割分担を明確にする。
6. 部下に行動の開始や役割の遂行を促す。
7. それぞれの部下の仕事の進捗状況を把握している。
8. 目標達成の過程で生じた問題点を明確化し，その対処法についてアドバイスを与える。
9. 情報源・アドバイザーとしての役割を果たすべく，専門的知識や技能の習得に励む。
10. それぞれの部下の成果を正確に把握し，正当に評価する。

【M 機能】
1. 快適かつ友好的な雰囲気の醸成・維持に配慮する。
2. 部下相互の交流を促進する。
3. 部下相互の情報交換を促進する。
4. 少数派にも発言の機会を与えるよう配慮する。
5. 内部でいざこざが生じたときは仲裁する。
6. 集団の和を乱す部下に対しては適切な対処をする。
7. 部下ひとりひとりの意見を尊重し，自主性・当事者意識をもたせる。
8. 部下ひとりひとりの気持ちに配慮し，不平・不満に耳を傾ける。
9. 悩みや迷いを抱える部下の相談に乗る。
10. 部署の代表として，必要なときは他の部署の人たちとの交渉を行う。

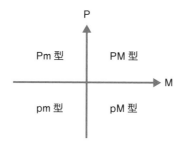

図 8-8　PM 理論の 4 つのリーダーシップスタイル

ら喜んで指示や注意を受け入れます。**専門勢力**も，報酬勢力や強制勢力，正当
勢力のような「無理やり」とか「仕方なく」といった感じはなく，受け手は何
の抵抗もなく指示や注意を受け入れます。必要な情報にアクセスする能力は，
ITの時代になってますます重要となってきており，**情報勢力**をもつ人物の影
響力は，上司から部下という方向のみならず，部下から上司という方向でも重
要度が高まりつつあります。

　上司が部下に対して報酬勢力や強制勢力，あるいは正当勢力をもつのは当然
のことですが，それだけだと仕方なく従っているといった感じになり，形だけ
は指示通りに動いても，目の届かないところでは適当に手を抜くとか，最低限
の義務は果たすけれども気合いが入らないというようなことになりがちです。

8.2.4　能力観とリーダーシップ

　ドゥウェック（1986）は，知能を固定的とみなす実体理論をもつ者は業績目
標をもち，成果にこだわるのに対して，知能は鍛えれば良くなるとみなす漸増
理論をもつ者は学習目標をもち，努力による成長にこだわるとするモデルを提
起しています（図8-9）。

　これはリーダーシップにも当てはまり，実体理論をもつリーダーはどれだけ
の成果を出したかで評価し，漸増理論をもつリーダーはどれだけ努力したかを
考慮して評価する傾向がみられます。さらに，漸増理論をもつリーダーは，努
力すれば良い結果につながると信じるため（ブラックウェルたち，2007），失
敗した者にも挽回のチャンスを与えるが，実体理論をもつリーダーは，努力よ
り能力を重視するため，失敗した者を切り捨てる傾向があることも示されてい
ます（今瀧たち，2018）。

8.3　集団成熟度とリーダーシップ

　組織を立ち上げた頃にはうまくまとまっていたのに，組織活動が軌道に乗っ
てきたら不満が噴出してくるというようなことがあります。そこにはリーダー
シップが集団の成熟度に合っているかどうかといった問題があります。

表 8-4 社会的勢力の6つの基盤

1. 報酬勢力
昇給やボーナスの高い査定，昇進や表彰，配置転換で希望を叶えるなど，金銭報酬，地位報酬，やりがいといった報酬を与える力をもつことに基づく影響力。

2. 強制勢力
昇給見送りや減給，賞与の低い査定，昇進見送りや降格，処分，左遷など，金銭，地位・名誉，やりがいなどの面において，罰を与える力をもつことに基づく影響力。

3. 正当勢力
地位関係や役割関係により，影響力の与え手が自分に影響力を及ぼすのは当然のことだと受け手が認識していることに基づく影響力。

4. 準拠勢力
影響力の受け手，たとえば部下の側が影響力の与え手に対して抱く好意的感情と心理的一体感に基づく影響力。

5. 専門勢力
影響力の与え手がある領域において経験が豊かで専門的な知識やスキルが自分より上であると受け手が認めることに基づく影響力。

6. 情報勢力
影響の与え手が有用な情報をもっていたり情報源に詳しかったりすることに基づく影響力。

知能観	目標志向性	現在の 自分の能力に 対する自信	行動パターン
実体理論 ———➤ （知能は固定的）	業務目標 （目標は能力への 肯定的評価の獲 得。あるいは否 定的評価の回避）	高い ———➤	熟達志向 チャレンジし粘る
		低い ———➤	無力感 チャレンジを避け 粘れない
漸増理論 ———➤ （知能は鍛えられる）	学習目標 （目標は能力向上）	高くても ———➤ 低くても	熟達志向 チャレンジし粘る

図 8-9 知能観と達成目標と行動パターン（ドゥウェック，1986）

　ハーシーとブランチャード（1977）は，部下の習熟レベルによって効果的な
リーダーシップスタイルは違ってくるとし，リーダーシップのライフサイクル
理論を提唱しました。その理論では，**集団の成熟度**を4つの段階に分け，それ
ぞれにふさわしい**リーダーシップスタイル**を提示しています（図8-10）。

　部下の習熟度が低い，つまり集団の成熟度が低い第1段階では，指示的な行
動を中心とした**教示的リーダーシップスタイル**が有効だといいます。第2段階
では，指示的な行動が中心とはなるけれども，部下の気持ち面の配慮もする**説
得的リーダーシップスタイル**が有効だとします。さらに集団が成熟した第3段
階では，部下の仕事力は高まっているため，指示的な行動を減らし，部下のモ
チベーションを高めることを重視する**参加的リーダーシップスタイル**が有効と
しています。集団の成熟度が最高度に達した第4段階では，集団が十分に機能
するように成熟しているため，部下の自主性や自律性を尊重し自由裁量の部分
の多い**委譲的リーダーシップスタイル**が有効だといいます。

　このようなリーダーシップのライフサイクル論は，部下たちの能力状態に合
わせて自分自身のリーダーシップスタイルを柔軟に切り替えていくことのでき
るリーダーが集団を成功に導くという視点に立っています。集団の成熟度が低
いときは，明確な方向づけや指示を中心とした，いわゆる強いP機能を発揮
することが求められます。目標達成に向けて，自分なりのビジョンを強烈に押
し出し，多少強引であってもグイグイ引っ張っていくリーダーシップが有効と
なります。そうでないと集団としての推進力が生まれません。その段階でメン
バーの自主性を尊重し，指示を出すのを遠慮していたら，個々のメンバーの役
割が徹底せず，集団としてうまく機能せず，成功は期待できません。事業があ
る程度軌道に乗ってきたら，P機能を少し緩めて，適度に権限を委譲し，個々
のメンバーに責任をもたせ，自覚と自主性を促すことで，モチベーションを高
めることが必要になります。仕事に慣れてくれば，個々のメンバーも自分なり
の視点をもって動きたくなります。いつまでも上からの指示でロボットのよう
に動かされるばかりでは，モチベーションが低下してしまい，能力が結集され
ません。

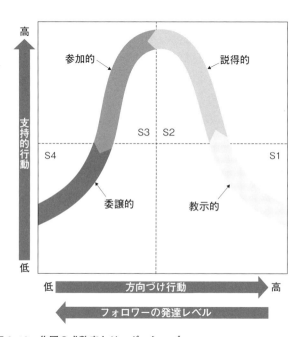

図 8-10　集団の成熟度とリーダーシップ
（ハーシーとブランチャード，1977; 本間，2011 を一部修正）

8.4　変革型リーダーシップ

　産業構造が安定していた時代であれば，組織として目指すべき方向ははっきりしており，部署としてすべきことも明確なため，日常業務を滞りなく能率的にこなしていくように促す業務処理型のリーダーシップが求められました。しかし，止まるところを知らない IT 革命により，産業構造がめまぐるしく変動し，組織として目指すべき方向も刻々と変化していく可能性のある時代には，業務処理型のリーダーシップでは不十分です。なぜなら，部下に与えた課題の遂行を促すだけでなく，どんな課題を与えるべきかをたえず見直していく必要があるからです。そこで求められるのが変革型リーダーシップです。

　ゴールに向けて部下を駆り立てるのが従来のリーダーシップだとすると，**変革型リーダーシップ**は，どこにゴールを設定すべきかをたえず検討し，最適のゴールに向かえるように柔軟にゴールを修正していきます。そのためには，**表8-5** のような視点が必要となります。そうした視点に立ってリーダーシップを発揮するのが変革型リーダーシップということができます。

　このような変革の時代には，個々の成員にも変革的な視点をもってもらわない限り，これからの組織の発展はありません。組織内の人間関係にとらわれ，社内遊泳術だけで生きているような人材は，組織を維持することに価値があった時代には有用性もありましたが，たえず変革が求められる時代には害にしかなりません。そこで，変革型リーダーは，部下に対しても，変化の必要性をアピールし，組織の外に目を向けるように促します。組織の維持だけを考えていたら，組織そのものの存在が危うくなることを実感してもらうように促します。そのために自分なりのビジョンを示し，部下を刺激していく必要があります。

　バス（1998）は，変革型リーダーシップの構成要素として，カリスマ性，意欲を刺激すること，知的刺激を与えること，個別に配慮することをあげています（表8-6）。このうちカリスマ性があれば，変革型リーダーシップは有効に機能する可能性が高まります。そのためには，だれもが納得いくような説得力のあるビジョンを提示することが必要で，そのための自己研鑽が欠かせません。

表 8-5　変革型リーダーシップに求められる視点

---

1. 組織の中だけでなく，組織を取り巻く環境にも目を向ける。

2. 技術革新がもたらす人々のライフスタイルや欲求の変化に目を向ける。

3. 組織の発展のために目指すべき方向性についてのビジョンをもつ。

4. 慣習にとらわれずに，組織の発展のために必要な組織変革に目を向ける。

5. 組織内の人間関係も大切だが，大きな視野に立って決断する。

表 8-6　変革型リーダーシップの構成要素

---

1. **カリスマ性**

部下が敬愛し憧れるような，人を引きつける力をもつ。

2. **意欲を刺激すること**

部下のやる気を引き出すことができる。

3. **知的刺激を与えること**

部下の能力開発を促すことができる。

4. **個別に配慮すること**

部下それぞれの目標や気持ちを配慮しつつ，適切なサポートができる。

組織風土と意思決定

9.1　組織風土と属人思考

9.1.1　自由に意見を言えない組織風土

　企業や役所などの不祥事が発覚するたびに疑問視されるのが，なぜそのようなおかしなことがまかり通ってきたのかということです。だれかが勝手におかしなことをやったわけではなく，ちゃんとした手続きを経て組織としての意思決定が行われているのに，ふつうに考えたらあり得ないことが起こっている。そこで問われるのが**組織風土**です。

　ちょっと危うい感じがしても，提案者に疑問をぶつけたり反対意見を表明したりするのも気まずいし，ここは提案者に任せるしかない，といった気持ちで黙っていると，「とくに異議がないようですので，全会一致で承認ということにしたいと思います」という議長の声が響き，内心釈然としないままつぎの議題に移る。これは，どの組織でもよく見かける光景です。自由に意見を言えないような組織風土が，いつの間にか出来上がってしまっているのです。

　そこにあるのが空気の圧力です（**コラム9-1**）。不祥事が生じた際に，第三者委員会による調査報告にしばしば出てくるのが，「風通しが悪い組織だった」というような言い回しです。おかしいと内心思っても，それを口に出せないような空気がその場を支配している。それが空気の圧力です。

　このようなことがないようにと組織の改革が行われますが，たいていは組織の構造や制度をいじるばかりで，風土を変えるまでには至りません。組織風土というのは，メンバーの思考や行動に無意識のうちに影響を与えます。いくら組織の構造や制度を変えたり整備したりしたところで，その中でどう動くか，制度をどう活かし，規則をどう適用するか，会議をどう運営するかなどは，すべて組織風土しだいといえます。そこで求められるのが組織風土の変革です。

9.1.2　属人思考

1. 意思決定を歪める属人思考と属人風土

　空気の支配を脱するには組織風土を変革する必要がある，組織風土が不祥事を生み出す温床になっているなどといわれても，自分たちの組織風土に問題が

コラム9-1　空気の圧力

　会議などで提案された方針に対して疑問を感じても質問できず，ましてや反対意見など言えずに「異議がないようでしたら承認ということでよろしいですか」という議長の声に沈黙し，「では，全会一致で承認ということで」となってしまう。

　じつは，多くの者が疑問を感じていたにもかかわらず，全会一致で承認ということになる。そのようなことがしばしば起こっている。

　そこに居合わせた人物に，なぜ反対なら疑問を口にしなかったのかと問いかけると，
「疑問を口にできるような空気じゃなかった」
「反論できるような空気じゃなかった」
などと口々に言う。

　このような「空気」の圧力について，山本七平は，会議の参加者は何やらわからぬ「空気」に自らの意思決定を拘束されているという。それまでの議論の論理的結果として結論が採用されるのではなく，「空気」に適合しているために結論として採用されるのである。

　　採否は「空気」がきめる。従って「空気だ」と言われて拒否された場合，こちらにはもう反論の方法はない。人は，空気を相手に議論するわけにはいかないからである。（山本七平『「空気」の研究』文春文庫）

　山本も，前出の戦艦大和の無謀な出撃に関する軍令部次長小沢治三郎中将の「全般の空気よりして，当時も今日も（大和の）特攻出撃は当然と思う」という発言を取り上げ，いたる所で最終的決定者は「人でなく空気」であるという。

　　大和の出撃を無謀とする人びとにはすべて，それを無謀と断ずるに至る細かいデータ，すなわち明確な根拠がある。だが一方，当然とする方の主張はそういったデータ乃至根拠は全くなく，その正当性の根拠は専ら「空気」なのである。従ってここでも，あらゆる議論は最後には「空気」できめられる。最終的決定を下し，「そうせざるを得なくしている」力をもっているのは一に「空気」であって，それ以外にない。」（同書）

　このような事態を踏まえて，山本は，「空気」というのは大きな絶対的な権力をもつ妖怪だとする。
（榎本博明『「忖度」の構造——空気を読みすぎる部下，責任を取らない上司』イースト新書）

あるのかどうかは、そう簡単に判断できるものではありません。そこでチェックすべきは属人思考です。組織的違反の主要な原因は、規定等の整備不良などではなく属人思考であることが、心理学的調査によって明らかになっています。コンプライアンス重視などといって規定等をいくら整備したところで、その運用面に属人思考が無意識のうちに入り込みます。

　属人思考とは、「事柄」についての認知処理の比重が軽く、「人」についての認知処理の比重が重い思考です（岡本，2006）。たとえば、財務の健全性について検討したり、新規案件の収益見通しやリスクについて審議したりする際に、本来はその事案そのものについて検討したり議論したりすべきなのに、だれが責任者か、だれの提案か、だれの実績になるかなど、人間関係に大きく左右されてしまう思考を指します。事案の評価に人間関係的な要素が入り込んでしまうのです。その結果、組織にとってリスクの大きい事案が可決されたり、見過ごすべきでない事柄が黙認されたり、組織にとって大きなチャンスとなり得る事案が潰されたりします。

　人間関係が重視される日本社会では、気まずくなるのを避ける心理が働くため、どんな組織にも属人思考はつきものです。ただし、岡本（2006）も指摘するように、それが行きすぎるとさまざまな弊害が生じかねません（表9-1）。

　組織で行われる違反行為は、個人的違反と組織的違反に分けることができます。個人的違反とは、自分個人の利益のための違反です。それに対して、組織的違反とは、組織のための違反です。多くの組織の不祥事は、単なる個人的違反ではなく、組織的違反がもたらすものといえますが、そこに属人思考を強化する組織風土、つまり属人風土が絡んでいます。

　実際の調査データをみても、属人風土が組織的違反の原因となっていることが明らかです。図9-1は首都圏の組織勤務者を対象とした調査の分析結果です（岡本，2006）が、ここから明らかなのは、コンプライアンス遵守などといっていくら規定を整備したところで組織的違反の防止にはつながらないということです。組織的違反を防ぐためには、属人風土の改善が必要です。

2.　属人思考をチェックする

　では、自分が属する組織が属人思考に汚染されているかどうかはどのように

表9-1 **属人思考がもたらしがちな弊害** (岡本, 2006)

1. 案件の細部に対する注意がおろそかになる。
2. 反対意見表明への躊躇が多くなる。
3. 賛成への見返りに賛成する，反対への見返りに反対するというような，意見の「貸し借り」が起こる。
4. 新しい分野での判断に間違いが生じやすくなる。
5. 誤りが是々非々で正しにくくなる。
6. 対人情報への信頼過多が生じる。
7. 最上部に対してイエスマンが力を握り，最上部がイエスマンに囲まれる形になる。
8. 組織としての自己評価がナルシスティックになる。
9. 無理な冒険を生む。

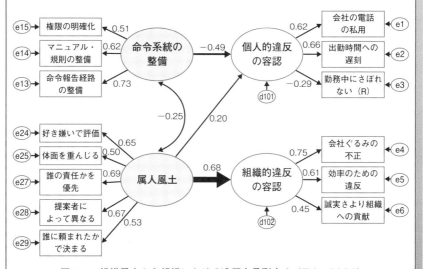

図9-1 **組織風土から組織における違反を予測する** (岡本, 2006)

ここから，以下のことが読みとれます。
1. 規定の整備不良が個人的違反の原因となっている。
2. 規定の整備不良は組織的違反の原因となっていない。
3. 属人風土が組織的違反の原因となっている。このパス係数0.68は驚くべき数値である。
4. 属人風土は個人的違反の弱い原因となっている。

判断したらよいのでしょうか。岡本と鎌田（2006）は，組織風土の属人度をチェックするための5項目をあげています。

1. 相手の体面を重んじて，会議やミーティングなどで反対意見が表明されないことがある。

2. 会議やミーティングでは，同じ案でも，だれが提案者かによってその案の通り方が異なることがある。

3. トラブルが生じた場合，「原因が何か」よりも「だれの責任か」を優先する雰囲気がある。

4. 仕事ぶりよりも好き嫌いで人を評価する傾向がある。

5. だれが頼んだかによって，仕事の優先順位が決まることが多い。

　なお，属人風土を改善するには，一人ひとりが自分自身に染みついている属人思考に気づくことが前提となります。岡本と鎌田（2006）が個人の属人的判断傾向を測定する尺度を作成しています（表9-2）。属人思考につながりやすい感受性をもち，無意識のうちに属人思考に染まっていることもあるので，自分自身の属人的判断傾向をチェックしてみましょう。

　同調圧力と同調行動

9.2.1　同調圧力

　集団成員の意見を1つの方向に向かわせようとする圧力を**同調圧力**といいます。アッシュ（1955）は，線分の長さを問う実験によって，そうした同調圧力が存在することを証明しました。図9-2のような2つの図版を見せて，左の図の線分と同じ長さの線分を右の図の3本の中から選ばせるという実験を，さまざまな図版を用いて行いました。8人が順番に答えるのですが，ほんとうに実験を受けているのは7番目の人物のみで，あとの7人はサクラで，18回のうち6回は正答をし，12回はサクラのすべてが一致した誤答をするように仕組まれていました。その結果，7番目に答えるほんとうに実験を受けている人物は，7人のサクラの圧力を受けて，32%が誤答に同調したのです。サクラの圧力がかからない場合は誤答率が1%にもならない簡単な課題であったため，

表9-2　**属人的判断傾向測定項目**（岡本と鎌田，2006）

1. 反対意見を言うと，相手を傷つけるのではないかと思う
2. 反対意見を言われると，相手に嫌われているのではないかと思う
3. 世話になった人には反論できない
4. 話し合いの場で反対意見を言うのは，相手に悪いと思う
5. 気の合う友だちの意見であれば，とりあえず従う
6. 好きな人の意見は，たとえ納得できなくてもなるべく受け入れる
7. 自分の意見に賛同してくれた人には，一言お礼を言いたくなる
8. 誰が言っているのか分からない意見には，内容にかかわらず賛成したくない
9. 誰の意見か分からないと，同意すべきかどうか判断がつかない
10. 意見を求める際に，相手が社会的に認められた人なのかどうか気になる
11. 人の意見の内容よりも言った人がどんな人なのかが気になる
12. 誰が言っているかによって，その意見に賛成するか反対するかを決める

1～7は感情的属人判断（賛否と好意の混同傾向）に関する項目。
8～12は認知的属人判断（発言者重視傾向）。

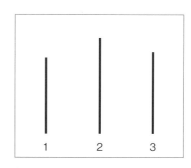

図9-2　**アッシュの同調圧力実験で用いられた図版例**
「左の線分と同じ長さなのは右の図の1，2，3のどれか？」
1人で取り組むと誤答率が1％にもならない簡単な課題なのに，7人のサクラの圧力がかかると誤答率が32％と飛躍的に上昇します。

同調圧力に屈してしまったことは明らかです。

　多数派の意向に従わない人物は，集団の規範に違反する逸脱者とみなされ，集団の規範に従うように圧力が働きます。何とか説得して集団の規範に従うように促そうとする行動がとられます。シャクター（1951）は，このような働きかけを実証する実験を行っています。図9-3のA群は集団の見解にあくまでも反対する逸脱行動群，B群は最初反対していたけれども話し合っているうちに賛成に回った変節群，C群は最初から集団の意見に賛成だった同調群です。多数派からのコミュニケーション量をみると，C群に対するコミュニケーション量は当初から少なく，B群に対するコミュニケーション量は反対していたときは多かったものの賛成に回ってからは一気に減少し，強硬に反対するA群に対するコミュニケーション量はどんどん増加し続けることがわかります（図9-3）。このようなコミュニケーション量の増加は，まさに集団による同調圧力がどんどん強まっていくことの証拠といえます。

　組織が重要な方針を決定する際には，みんなで知恵を絞って，あらゆる角度から検討する必要があります。ところが，多くの組織の会議では，全会一致を理想とするようなところがあります。そこには同調圧力が強く働くため，十分な検討が行われないままに愚策が通ったり，失敗が目に見えているアイデアが承認されたりといったことが起こります。組織の不祥事の背景にあるのも，こうした全会一致を理想とする会議の雰囲気です。意見や質問が盛んに出て，すんなりと提案が通らないことを「会議が荒れた」などと言うこと自体，意見や質問はあまり出ないままに通ることが前提とされていることを示しています。このような同調圧力の中，参加者の過半数が疑問に思っていた提案や，これは危ないのではと不安を抱いた提案が，「全会一致」で可決してしまうのです。

　ここからわかるのは，全会一致というのがきわめて疑わしく，何とも危うい決議方式だということです。多様な人間が集まって検討したのに，反対意見が出ずに全員の見解が一致するなどということは，現実にはほとんどあり得ません。それにもかかわらず全会一致で決まったということは，異論を出しにくい空気に支配されていたことの証拠といってよいでしょう。

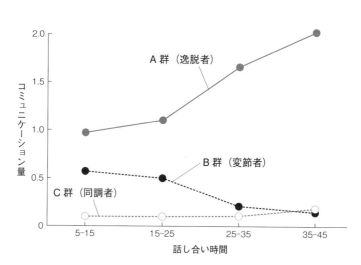

図 9-3 **逸脱者，変節者，同調者へのコミュニケーション量**
（シャクター，1951；本間，2011 を一部修正）

9.2.2 同調圧力に屈しない人の威力

同調圧力についてさまざまな実験的研究を行っている心理学者アッシュ（1956）は，1 人でも同調圧力に屈しない人物がいれば，ほんとうの意見を出しやすくなることを実証しています。先の実験と同様のやり方を用いたところ，7 人のサクラのうち 6 人が誤答をしても，残りの 1 人が正答をした場合，集団圧力に屈して誤答をする率は 32 ％から 5.5 ％へと大きく低下したのです。これにより，味方が 1 人でもいれば，集団圧力に対する抵抗力が非常に高まることがわかります（図 9-4）。

そうはいっても，日本の組織では，同調圧力に屈せず率直に疑問を口にしたり反論したりする人物が出てくることは期待しにくいというのが実情です。そこで，提案に対して反対意見を述べる役割をあらかじめ特定の人物にあてがっておくことで同調圧力による誤判断を防ぐという方法が考えられます。これがワイズバンド（1992）が提唱する**デビル審理法**です（図 9-4）。それによって，提案に対して賛成意見しか出せないような空気は崩され，提案内容を多角的に検討することができるとともに，他の参加者も疑問点があれば率直に質問や意見を出しやすくなります。

ドイッチュとジェラード（1955）は，他者の影響を受けるとき，情報的影響を受ける場合と規範的影響を受ける場合があるとしました。他者の意見に納得し，それを自分の意見として取り入れるとき，そこに作用しているのが情報的影響です。多数派の意見，集団としての意見に反しないように，不本意ながらもそれに合わせるとき，そこに作用しているのが規範的影響です。ほんとうの意見を言う人物が 1 人でもいれば同調圧力に屈しない人が多いというアッシュの実験結果は，多くの同調行動が規範的影響によって生じていることを示唆しています。

9.3 組織の意思決定

9.3.1 集 団 浅 慮

集団で判断しようとすると，思慮深さが失われ，安易な判断をしてしまうこ

1人でも同調圧力に屈しない人物がいれば，ほんとうの意見を出しやすくなる。

集団圧力に屈して誤答をする率

　　　　7人のサクラ全員が誤答の場合：32%

　　　　サクラ6人が誤答，1人が正答の場合：5.5%

　　　　味方が1人でもいれば，集団圧力に対する抵抗力が非常に高まる。

デビル審理法……提案に対して反対意見を述べる役割をあらかじめ特定の人物に
　　　　　　　　あてがっておくことで同調圧力による誤判断を防ぐという方法。

図9-4　味方が1人でもいれば，同調圧力を回避できる

とがあります。属人思考や同調圧力も，集団での意思決定の危うさを導く要因といえます。

ジャニス（1982）は，重大な政策決定の失敗事例を検討することで，集団による決定が誤ってしまうプロセスを分析し，とくに凝集性の高い集団で同調圧力が強くなり，ほんとうの議論ができなくなって，誤った判断をしてしまうことを発見しました。そして，そのように集団による決定が愚策につながりやすいことを**集団浅慮**と呼びました。ジャニスは，集団浅慮がもたらす8種類の病理的徴候をあげています（表9-3）。

このような集団浅慮がとくに生じやすいのは，集団凝集性が高すぎ，かつ強力なリーダーシップが発揮されて，異論を許さない雰囲気が醸成されている場合でしょう。ゆえに，集団浅慮の問題は，リーダーシップのあり方の問題としても考慮すべきことといえます。

9.3.2 リスキーシフトと集団極性化

集団で話し合えば，みんなの知恵を結集して判断できるため，個人で検討するよりも妥当な結論に到達できるものと思われがちですが，じつは意外な危うさがあります。各自が1人で考えると当然否決すべき提案と思われるようなものでも，みんなで話し合っているうちになぜか通ってしまうことがあります。このような現象を**リスキーシフト**といいます。

ワラックたち（1962）は，魅力的だがリスクのある選択肢と，リスクはないがあまり魅力的でない選択肢を用意し，どちらを選択するかを，個別に判断させる場合と集団で話し合って判断させる場合で比較しました。たとえば，手術をすれば完全な健康を取り戻せるが，その手術はリスクを伴い，手術をしなければリスクはないが不便な生活を強いられるという場合，手術の成功確率がどのくらいあれば手術を選ぶか，といった問題です（図9-5）。その結果，12問のいずれにおいても，個人で判断する場合よりも集団で判断する場合のほうが，リスクはあっても魅力的な選択肢を選ぶ傾向があることが確認されました。

リスキーシフトに限らず，集団で話し合うと極端な結論に至りやすいことが，多くの実験により明らかにされています。これを**集団極性化**といいます。集団

表 9-3　集団浅慮の 8 つの病理的徴候（釘原，2011 を参考に作成）

1.　集団メンバー間の同調圧力

同調圧力が強まり，疑問を感じても異議を唱えることがしにくくなる。

2.　自己検閲

同調圧力を感じるメンバーが，自ら自分の意見を検閲し，集団の意見に反するものは封じ込める。

3.　逸脱意見から集団を防衛する人物の発生

集団の意見や決定に異議を唱える人物に対して，脅すなどの圧力をかける人物が出てくる。

4.　表面上の意見の一致

実際は多くのメンバーが疑問をもっているにもかかわらず，表面上は全員が賛成しているかのように見える。

5.　無謬性の幻想

自分たちは絶対に判断を間違えることはないといった幻想を抱く。

6.　道徳性の幻想

自分たちの正義の実現のためには敵に対して非倫理的なことをしても許されるといった道徳性の幻想を抱く。

7.　外集団に対する歪んだ認識

対立する集団に対して，実際以上に悪くみたり，弱いとみなすなど，歪んだ認識をもつ。

8.　解決方法の拙さ

以上の結果，都合の悪い情報や意見は無視され，きちんとした検討が行われず，愚策が実行に移されてしまう。

1.　高給とは言えないがそれなりの給料がもらえ，雇用も保障されている今の職に止まるか，雇用の保障はないがかなりの高給が見込める仕事に転職するか，どっちにするか。
2.　重い心臓病を患っているとして，難しい手術に成功すれば自由な生活が手に入るが失敗すると命にかかわる，手術をしなければ命の危険はないが不自由な生活をこの先ずっと我慢しなければならない，さてどうするか。
3.　開発途上国に進出していけば利益の伸びが期待できるが，内乱などのリスクがある，国内にとどまればリスクはないが利益の伸びはあまり期待できない，さてどうするか。

図 9-5　リスキーシフトの実験課題例

で話し合って決めると極端な判断になりがちな理由について，いくつかの説が
ありますが，最も有力な理由として責任の分散があります。みんなで決めると
なると，1人で決める場合と違って，自分だけの責任ではないため，各自の責
任感が薄れ，つい気持ちが大きくなり，慎重さが失われるというわけです。こ
うしてみると，みんなで話し合って決めることが必ずしも望ましいわけではな
いことがわかります。とくに日本ではみんなで決めるという形をとることが多
いので，そうした決定方式の危うさを念頭に置いておく必要があります。

9.3.3　参加的意思決定の効果

　人から説得を受けるとき，そこに強引さを感じると，心の中に抵抗が生じま
す。人によっては，かえって態度を硬化させることさえあります。このような
心理的抵抗を和らげるために効果的なのが，一方的に説明するのでなく，相手
に意見や質問を述べる機会を十分与えることです。

　マンションやスーパーを新たに建設するにあたって，近隣の住民が抵抗を示
すことがあります。そんなときによくとられる対応が，住民向けの説明会を開
き，意見や質問，要望を住民から思う存分ぶつけてもらうというものです。そ
れには，具体的な計画の詳細がわかり安心するという現実的な意味もあります
が，もっと重要なのが，疑問に思うことや意見・要望を十分表明する機会を与
えられることで気持ちがすっきりするという心理的効果です。それによって心
理的抵抗が和らぎ，説明を受け入れようという気持ちになれます。

　こうした効果が期待されるのは，外向けの説明会に限りません。会社の会議
でも，有無を言わさぬ雰囲気で押しつけられると，心理的抵抗が生じます。そ
の場で反論することはなくても，会議で示された方針に従わなかったり，形の
上では従いつつも適当に手を抜いたりといったことが起こりがちです。そうな
るのを防ぐには，会議の場で一方的に方針を示したりせずに，意見や質問を自
由に出してもらうのが効果的です。言いたいことを思う存分言える雰囲気が大
切なのです。それによって心理的抵抗が和らぎます。

　それを考慮した意思決定の方法が**参加的意思決定**です。全員が話し合いの場
に参加することで，従業員のモチベーションが上がり，生産性が上がることが，

コラム9-2　参加的意思決定の導入の効果

　ある工場では，営業上の理由により，ときどき作業方式が変更され，その都度従業員が強い抵抗を示すということがあった。心理的抵抗は，あからさまな不平不満の表明だけでなく，作業能率の低下にも顕著に表れた。そこで，4つのグループを設定して生産性を比較する実験が行われた。第3グループと第4グループは同じ条件なので，ここでは3つの条件を示すことにする。

第1条件：従業員は作業方式の変更について話し合う場に参加せ
　　　　　ず，ただ変更の説明を受けただけ。
第2条件：代表者だけが話し合う場に参加した。
第3条件：従業員全員が話し合う場に参加した。

　その後の仕事ぶりを観察すると，第1条件では，方針変更に伴い生産性が低下し，その後も低い生産水準からなかなか立ち直れなかった。第2条件では，変更直後には生産性が一時的に低下したものの，しだいに回復していった。第3条件では，その回復がいっそう顕著だった。
　別の現場実験でも，生産目標を従業員もみんな参加する場で話し合って決定した場合，生産性は急上昇し，それまで限界と思われていた水準までも上回ったことが報告されている。
　日本でも，話し合いの場に全従業員が参加するという方針によって事故が著しく減少したという運送会社やバス会社，造船所の事例も報告されている。

（三隅，1988 より抽出）

多くの現場実験によって証明されています（三隅，1988；コラム9-2）。組織としての何らかの方針を伝えるとき，あるいは方針転換のための意見聴取をする際には，各部署の長に対して事情を説明したり意見聴取したりするだけで，従業員全員に対する説明や意見聴取の場を設定しないことが多いようですが，そこに改善の余地があります。

　ただし，説得を受ける側の立場に立って考えると，意見や質問をぶつけることによるガス抜き効果によってごまかされないように注意が必要です。株主総会などに定型的にみられるように，いろいろな質問を受けつけるものの，結局何を言っても結論は変わらず，主催者の予定通りに決まっていくという会議もあります。意見を言うことでスッキリする，いわゆるガス抜きによってごまかされずに，自分たちにとってほんとうに納得のいく結論かどうかをじっくり検討する姿勢が欠かせません。

9.3.4　隠れたプロファイル現象

　人によってもっている情報にズレがあるのがふつうです。そのため，みんなで話し合えば，より総合的な視点から判断ができると思いがちですが，話し合いの後に各自の意見を個別に尋ねてみると，話し合う前から各自がもっていた意見のままであることがほとんどです。意見の根拠をあげてもらっても，話し合う前から自分がもっていた情報のみから判断していることがわかります。これではわざわざ話し合いをする意味がありません。このような現象のことを隠れたプロファイル現象といいます。

　ステイサーたち（1985，1987，1989，1992）は，話し合いに参加している人たちがもっている情報をすべて出し合って判断すれば正解に到達できるのに，みんなが共通に知っている情報しか考慮されないため，なかなか正解に達することができないことを証明しています。本間たち（2003）も，共有情報ばかりが話し合いの場に持ち出され，特定の個人しか知らない非共有情報が話し合いの場に持ち出されないため，正解に到達できないことを確認しています。

　隠れたプロファイル現象が生じる理由として，つぎの2つが指摘されています。図9-6に沿って説明しましょう。

A案のメリット	A1	A2	A3	
B案のメリット	B1	B2	B3	B4	B5
C案のメリット	C1	C2		

(1) の左に配置

たとえば，（1）のように，A案のメリットは3つ，B案のメリットは5つ，C案のメリットは2つあり，一つひとつのメリットの重みに違いはないとします。この際，話を簡単にするために，それぞれのデメリットは考慮しないことにします。この場合，総合的な視点から判断すれば，最適な選択肢はメリットを最も多くもつB案ということになります。

共有情報			非共有情報		
A1	A2	A3			
B1	B2		B3	B4	B5
C1			C2		

ところが，（2）のように，共有情報がA案のメリット3つ，B案のメリット2つ，C案のメリット1つだとすると，A案にするのが最適の選択とされ，A案に決まる確率が高くなります。A案のメリットは3つすべてが共有されているのに対して，B案のメリットは2つしか共有されておらず，残りの3つは一部のメンバーが気づいているだけで，他のメンバーにはわからないからです。

図 9-6　共有情報と非共有情報

1. 私たちは自分の考えをなかなか変えたがらないということ。

　A案，B案，C案のうち，たとえばA案が良いと思って話し合いの場に出ると，A案のメリットやB案・C案のデメリットに関する情報はスッと認知システムの中に入ってきますが，A案のデメリットやB案・C案のメリットに関する情報は聞き流してしまいがちになります。つまり，自分に都合の良い情報ばかりに目が行ってしまいます。これを**確証バイアス**といいます。その結果，A案が一番良いという当初の意見は，いくら話し合っても，なかなか変わらないのです。

2. 話し合いの場では，メンバーみんなが知っている共有情報ばかりが話し合われ，個々のメンバーが独自にもっている非共有情報については話し合われないことが多いということ。

　なぜなら，共有情報についてだれかが発言すると，他の人たちもそれぞれ関連することを知っているため，意見が続出し，話し合いになりやすいのですが，みんなが知らない情報を持ち出しても反応が乏しいからです。反応が乏しかったり，無視されたりすれば，それ以上説明する気持ちになりにくいものです。

　こうした事情があって，いくら話し合ったところで，話し合う前からもっていた意見が変わらず，総合的な視点からの判断にはならないのです。ここで第2の要因の克服について，確認してみましょう。

　図9-6のような状況の場合，このままでは総合的な視点から判断することはできないため，非共有情報も話し合いの場に持ち出すことで，各人がもっている情報をみんなで共有することが必要です。自然な流れに任せれば共有情報についてばかり話して終わってしまうので，進行役が非共有情報を引き出し，それについて他の人たちにも考えさせるように仕向ける必要があります。

10

消費者行動と
マーケティング

10.1 消費者行動を規定する心理的要因

10.1.1　購買動機

　消費者行動を規定する最も重要な心理的要因が**購買動機**です。物質的に貧しい時代には，日常生活に必要なモノや便利なモノを作れば放っておいても売れるし，性能的に良いモノを作れば売れるので，製造技術の向上が最大の関心事でした。そこでは必要なモノが欲しい，できるだけ良いモノが欲しいという動機が強く働いていました。ところが，物質的豊かさが実現し，あらゆる製品市場が成熟を迎えると，良いモノを作れば売れるということではなくなり，需要を掘り起こす必要が生じてきました。そこで，**マーケティング**が重要な鍵を握るようになったのです。

　マーケティングも，物質的豊かさが実現するまでは，人々の生活に欠けているものは何か，どんな商品を投入すれば人々の生活の利便性が向上するかを考えるといった方向が中心でしたが，物質的な欠乏感が薄れ，人々がそこそこ便利で快適な生活を送れるようになると，マーケティングのやり方も変わらざるを得ません。そうした流れの中で，消費者行動を規定する心理的要因の研究が強く求められるようになったのです。

　購買動機の研究もその一つです。そこでよく引き合いに出されるのが，マズロー（1954）の**欲求の階層説**です。マズローは，人間の基本的欲求を4つ設定し，そこに階層構造を想定して，下層のものほどより基本的な欲求で，まずは優先的に満たすべきものであり，下の層の欲求がそこそこ満たされると，その上の層の欲求が頭をもたげてくるとしました。そして，4つの基本的欲求がそこそこ満たされると，人は自己実現の欲求に動かされるようになると考えました。この欲求の階層説を購買動機に当てはめてみましょう（図10-1）。

　たとえば，衣食住を満たしたいというのは，生理的欲求と安全の欲求に相当しますが，このあたりがある程度満たされてくると，より上層の欲求に動かされるようになります。衣服を選ぶにしても，暖かい服が欲しい（生理的欲求）とか破けにくい服が欲しい（安全欲求）といった下層の欲求によって強く動かされる段階からしだいに脱し，仲間集団への溶け込みやすさを意識したり（所

【衣服の選択】

自分らしさを表現できる服	自己実現欲求
かっこいい服，かわいい服	承認欲求
仲間と同じブランド	所属欲求＋承認欲求
破けにくい服	安全欲求
暖かい服	生理的欲求

図 10-1　マズローの欲求の階層説に対応した購買動機

属欲求），「かっこいい」とか「かわいい」と見られたいと思ったりして（承認欲求）選ぶ傾向が強まります。仲間と同じブランドに身を固めるのは所属欲求によるもの，高級ブランドものを身につけるのは承認欲求によるものといえます。そのあたりの欲求がそこそこ満たされると，「自分らしさ」や「個性」を売り物にするメッセージに自己実現欲求が刺激されやすくなります。

　小嶋（1972）は，消費者の購買動機を必要条件（H）と魅力条件（M）の 2 要因によって説明する HM 理論を提唱し，図 10-2 のように 2 層の階層構造を仮定しています。必要条件は，商品の基本的性能，品質など最低限必要とされる性質を指し，これが満たされないと不満の原因になります。魅力条件は，デザイン，醸し出す雰囲気など，商品の必要条件に付加される価値を指し，必要条件が満たされているのを前提として，さらに引きつける要因となります。

10.1.2　購買意思決定モデル

　エンゲルたち（1968）は，消費者の購買に関する意思決定過程をモデル化しました。その修正版であるブラックウェルたち（2006）の購買意思決定モデルでは，図 10-3 のような段階を経ると想定されています。

　フィッシュバイン（1963）は，ある対象を選択するかどうかといった態度を，複数の属性の重要度と各対象が各属性の価値をどの程度満たしているかについての信念の関数で表す多属性態度モデルを提唱しています。フィッシュバインとアイゼン（1975）やアイゼン（1991）はそのモデルの洗練を試みています。多属性態度モデルによれば，消費者の意思決定は，各属性の評価×信念の合計点の計算結果に基づいて行われるとされます。各属性の評価とは，わかりやすく言い換えれば，各条件をどの程度重視するかということです。信念とは，各選択肢が各条件をどの程度満たしていると思うかということです。

　たとえば，賃貸住居を探す際には，広さ・間取り，家賃の安さ，最寄り駅からの近さ，地域の雰囲気，買い物の利便性などが考慮されます。そして，それぞれの重要度について，広さ・間取り「3」，家賃の安さ「3」，駅近（最寄り駅からの近さ）「2」，地域の雰囲気「2」，買い物の利便性「1」のように，個人の頭の中で重みづけしているとします。これら 4 つの属性（条件）に関する A，

魅力条件（M）

デザイン，醸し出す雰囲気など
［商品の必要条件に付加される価値］

必要条件（H）

商品の基本的性能，品質など
［最低限必要とされる性質］

図 10-2 小嶋の HM 理論

図 10-3 消費者の意思決定モデル（エンゲルたちのモデル）

B，C の 3 つの物件の評価が表 10-1 のようになった場合，各属性ごとの評価得点に重要度を乗じたものの合計点が総合評価得点となり，これが最も高い物件 C が選ばれることになります。

10.1.3　選択に要する認知能力のコスト削減

　ただし，あまり重要でない選択は，このように諸条件と照らし合わせて選択肢をじっくり検討するといった手順は省略されます。つまり，選択に要する認知能力のコスト削減が行われ，ヒューリスティックな情報処理が行われます（第 7 章 7.3 節参照）。そこで，提唱されたのが MODE モデルです（ファジオ，1990，ジョーンズとファジオ，2008）。これは，消費者が商品の購買にあたってヒューリスティック情報処理をしていることも多い現実を踏まえ，システマティック処理を熟慮モード，ヒューリスティック処理を自動的モードと名づけ，そのどちらを用いるかは動機づけ（M）や状況（O）によって違ってくるとするものです。

　特定の商品選択を重要視するかどうかは，関与という概念でとらえられています。エアコンや洗濯機の購入などでは，じっくりと比較検討することが多く，これらは高関与商品といえます。それに対して，スナック菓子や清涼飲料水の購入などでは，ほとんど比較検討せずに購入するのがふつうであり，これらは低関与商品ということになります。アサエル（2004）は，関与水準と熟考の程度を組み合わせて，購買行動を表 10-2 のように 4 つに類型化しています。

10.1.4　損失回避と現在志向バイアス

1. 損 失 回 避

　何らかの商品が気になりつつも，購入した後で期待していた効果がなかったら困ると思って躊躇しているとき，30 日間のお試し期間があり，その期間内に返せば代金を返すといった説明があると，安心して購入できます。うまくいけば 2 倍とか 3 倍に可能性がある代わりに，半分になってしまう可能性もあるという，リスクが大きく元本保証のない金融商品を勧められた場合，2 倍や 3 倍になるのは魅力ですが，せっかく貯めたお金が大幅に減るリスクを考えたら，

表 10-1　多属性態度モデルによる態度形成の計算例

	広さ・間取り	家賃の安さ	駅近	地域の雰囲気	買い物の利便性	総合評価
重要度	3	3	2	2	1	
物件 A	5	1	3	4	4	36
物件 B	3	4	3	2	3	34
物件 C	4	3	4	3	4	39

表 10-2　関与度と熟慮性による購買行動の類型化

1. **複雑な意思決定**……高関与＋熟慮型。購買意思決定モデルに従う。
2. **ブランド・ロイヤリティ**……高関与＋熟慮なし型。特定のブランドにこだわり，熟考せずに選択する。
3. **惰性**……低関与＋惰性型。とくにこだわりがなく，惰性で同一ブランドを購入したり，宣伝に流されて特定のブランドを購入したりする。
4. **限定的意思決定**……低関与＋熟慮型。飽きたり刺激を求めたりして購買意思決定モデルに従い選択肢を検討することがある。

なかなか飛びつけません。そこにあるのは，傷つくのが怖いという心理です。損害を被るのも傷つきの一種といえます。

　クロニンジャーたちは，遺伝的基礎がある人間の基本的な気質の一つに損害回避をあげています（クロニンジャーたち，1993）。これは，用心深く，リスクを嫌う性質で，行動を抑制する方向に作用しますが，私たちの心の中にはこのような損害回避的な心理が強く働いているのです。

　このような基本的な人間心理をより実用的な概念としてとらえようというのが，カーネマンとトヴェルスキー（1979）が提唱したプロスペクト理論による**損失回避傾向**です（表10-3）。これは行動経済学に応用され，私たちは利得を大きくすることよりも損失を小さくすることに強くこだわるため，利得感より損失感が意思決定において強い影響力をもつとされます。先ほどの例でいえば，お試し期間があることで損失が回避されるため，躊躇なく購入できるわけです。金融商品の例では，2倍や3倍という利得を得る可能性よりも，半分になる損失の可能性を重くみるため，購入に踏み切れないのです。いったん値下げすると元の値段に戻しにくくなるのも，値下げによる利得感よりも値上げによる損失感のほうが大きいためです。

2. 現在志向バイアス

　ダイエットを目指したり，自己啓発のための勉強の計画を立てたりしても，つい目の前の誘惑に負けてしまうということがありますが，それは**現在志向バイアス**があるためです（コラム10-1）。これは，将来における価値よりも，「今，ここ」における価値を重視する心理傾向を指します。苦しくても「今，ここ」で頑張っておかないと将来とても困ることになる（成人病になるかもしれない，仕事を失うかもしれない）と頭ではわかっていても，ついつい「今，ここ」の心地良さ，安楽さを求めたりしてしまいます。

　ここからもさまざまなマーケティング展開の可能性がみえてきます。「今すぐ手に入る」ことに価値を感じるのであれば，入手に時間がかかるよりは，多少質的に劣ってもすぐ手に入る商品やサービスを好むはずだと考えられます。「すぐに届く」「短時間で解決する」となると，多少高くても頼みたくなるということもあるでしょう。将来の苦痛より「今，ここ」の苦痛を避けようとする

表10-3　プロスペクト理論が証明した損失回避傾向

プロスペクト理論でノーベル経済学賞を受賞した心理学者カーネマンは，人間のもつ損失回避傾向をプロスペクト理論の要とみなしている。カーネマン（2011）は，以下のような問を例にあげて，損失回避傾向について説明している。

まず以下の問について考えてみよう。①か②のどちらを選ぶだろうか。

問1　①確実に 900 ドルもらえる。
　　　②90%の確率で 1,000 ドルもらえる。

問2　①確実に 900 ドル失う。
　　　②90%の確率で 1,000 ドル失う。

多くの人は，問1ではリスクを回避しようとして，確実に 900 ドルを確保できる選択肢①を選ぶ。確実に 900 ドルもらえることの主観的価値は，90%の確率で 1,000 ドルもらえることの主観的価値より大きい。

ところが問2になると，多くの人は，損失が膨らむ可能性が 90%あっても損失を回避できる 10%の可能性に賭ける選択肢②を選ぶ。900 ドル失うことの負の主観的価値は，90%の確率で 1,000 ドル失うことの負の主観的価値より大きいため，損失の確定を回避しようとするのである。

さらに，つぎの問について考えてみよう。

問3　あなたはコイン投げのギャンブルに誘われた。
　　　裏が出たら，100 ドル払う。表が出たら，150 ドルもらえる。
　　　このギャンブルは魅力的か？　あなたはやるか？

確率は五分五分で，払う可能性のある金額よりもらえる可能性のある金額の方が多いのだから，ギャンブルの期待値は明らかにプラスである。それにもかかわらず，多くの人は，この賭けに魅力を感じず，やろうとしない。それは，100 ドル損をする恐怖感は，150 ドル得をする期待感よりも強いからである。

多くの調査によってこうした心理傾向を抽出したカーネマンは，「損失は利得より強く感じられる」と結論づけている。そして，このような心理を損失回避傾向とみなした。

ということから，「今，ここ」の苦痛に負けないようにサポートする人物がいれば，現在志向バイアスを克服できるのではないかとも考えられます。

10.1.5　心理的財布と心的会計

1. 心理的財布

　小嶋（1964，1986，1994）が提唱した**心理的財布**という概念があります。私たちがもつ物理的な財布はたとえ 1 つでも，心の中にはいくつもの財布があり，どの財布から出すかによって，同じ金額の出費でも，高すぎたとして「痛み」を感じることもあれば，納得して「満足」を感じることもあります。たとえば，デートのときなら食事代が 1 万円かかっても満足できるのに，職場のつきあいで食事代が 5,000 円かかると痛みを感じたりします。日頃は 2,000 円の食事でも高すぎると思うのに，旅先だと 3,000 円の食事でも平気で注文するといったこともあるはずです。このように，状況によって使う心理的財布が違うのです。同じく日常の用途でも，外食のための財布からの 2,000 円の出費は高く感じるのに，文化・教養のための財布からだと 3,000 円の出費も安く感じたりします。外食用財布もいくつかに分けられており，喫茶店用の財布だと 800 円の出費は痛いのに，夕食用の財布なら 1,500 円までは許容範囲だったりします。

　さらに，人によってもっている心理的財布の種類や支払可能な金額が異なります。お金がなくて教科書を買えないという学生たちが，毎週のように飲み会をしているのを見ると，友だちづきあいには数千円を平気で使えても，勉強のための心理的財布からは極力出費したくないのだとわかります。もちろん，そうした傾向は人によって異なり，友だちづきあいのための支出は極力抑えながら，自己啓発のためには惜しみなく支出する学生もいます（図 10-4）。ゆえに，セグメンテーションを行い，各セグメントごとに，どのような心理的財布をもつ傾向があるか，財布ごとにいくらくらいの支出になると痛みを感じるかを知っておくことは，マーケティングにとって非常に重要となります。

2. 心 的 会 計

　心理的財布に似た概念に，トヴェルスキーとカーネマン（1981）がフレーミング効果の検討の中で提唱した**心的会計**があります。フレーミング効果という

コラム10-1　現在志向バイアスの例

ダイエットの必要性を感じ，甘いものは控えなければと思っていても，美味しそうなケーキや和菓子を見ると，つい買ってしまう。喫茶店のメニューで，美味しそうなパフェやあんみつを見ると，我慢できずに注文してしまう。「今日くらいいいだろう」といった思いに駆られて，甘いものを口にしてしまう。

仕事力を高めないとこの先困るから，自己研鑽のための勉強を帰宅後にしなくてはと思ってるのに，帰るとテレビを見てだらだら過ごしたり，SNS で友だちとやりとりしたりしているうちに寝る時間になり，何もできないという人がいます。そのような人は，学校時代にも同じパターンを経験しているはずです。今から頑張って勉強していかないと来年の受験で困るからと受験勉強の計画表を作成しても，つい怠惰な気持ちに負けてだらだら過ごしたり，気分転換と称して友だちと遊んでしまい，計画倒れに終わってしまう。

（榎本博明『ビジネス心理学　100本ノック』日経文庫）

どの財布から出すかによって，同じ金額の出費でも，高すぎたとして「痛み」を感じることもあれば，納得して「満足」を感じることもある。

状況によって異なる心理的財布

デートなら食事代が 1 万円かかっても満足できるのに，職場のつきあいで食事代が 5,000 円かかると痛みを感じる。
日頃は 2,000 円の食事でも高すぎると思うのに，旅先だと 3,000 円の食事でも平気で注文する。
喫茶店だと 800 円の出費は痛いのに，夕食なら痛みは感じない。

人によって異なる心理的財布

飲み会に 5,000 円平気で使うのに 2,000 円の本を買うのに抵抗がある人もいれば，本には惜しみなく出費するのに飲み代への出費には痛みを感じる人もいる。
衣服への出費には痛みを感じないのに食費は極力抑えたいという人もいれば，衣装代は極力抑えて食費は贅沢に使いたいという人もいる。

図 10-4　状況によっても，人によっても，異なる心理的財布

のは，どのような構図を当てはめるかで問題の見え方が異なり，意思決定の結果が違ってくることを指します。彼らは，2つの条件を設定し，映画のチケット購入をするという人の比率を比較しました（表10-4）。

　結果をみると，条件2では88％がチケットを買うと答えていますが，条件1ではチケットを買うという人は46％しかいません。ほぼ2倍の開きが出ました。このような違いについて，トヴェルスキーとカーネマンは，条件1ではチケット支出用のアカウントからもう1回チケットを買わないといけないためチケットを二重に購入する心理的痛みがあるのに対して，条件2では現金とチケットが別々のアカウントになっているため心理的痛みは生じないというように，心的会計による説明をしています。

10.2　セグメンテーション（細分化）とポジショニング

10.2.1　セグメンテーション

　モノが乏しい時代なら，良いモノを作れば面白いように売れたわけですが，モノが溢れる時代になると，消費者の欲求をいかに満たすかを考慮する必要があります。ただし，消費者がどんな欲求をもち，どんなモノを欲しがるかをつかむのが大事だとはいっても，人によって欲求の優先順位が異なるということがあります。そこで重要になるのがセグメンテーションです。**セグメンテーション（細分化：この場合，市場の細分化）**とは，消費者の多様なニーズに応えるべく，ターゲットとなる消費者をいくつかの層に細分化することを指します。細分化できたら，それぞれの層の欲求の特徴を探り，それぞれにふさわしい商品を開発し，品揃えをして，購入を促します。あるいは，特定の層をターゲットに絞って，その層に特化した商品開発や商品提供を行うことになります。

　セグメンテーションには，年齢，性別，住居形態，家族構成などの人口統計学的特性や，職業・年収・学歴などの社会経済的特性が用いられます（表10-5）。たとえば，20代の独身男性と30代の配偶者も子どももいる男性では，外食の頻度や使う金額も外食の際に行く店も違っているはずです。30代の既婚女性であっても，共働きの女性と専業主婦とでは，もっている心理的財布もそ

表 10-4　心的会計の設問と結果

条件 1 ＝チケット紛失条件……ある映画のチケットを 10 ドルで購入したが，映画館に入ろうとしたら，チケットを紛失したことに気づいた。チケットをもう一度買い直すか。

買い直すという人：46%

条件 2 ＝現金紛失条件……ある映画を見ようと映画館に行き，10 ドルのチケットを買おうとしたら，現金を 10 ドル紛失したことに気づいた。チケットを買うか。

買うという人：88%

表 10-5　セグメンテーション（細分化）の基準

【人口統計学的特性】
年齢，性別，住居形態，家族構成など。

【社会経済学的特性】
職業，年収，学歴など。

【心理学的特性】
趣味，関心領域，価値観，性格，行動パターンなど。

れぞれの財布の許容金額も違っているでしょう。セグメンテーションによって，消費者の欲求に見合った商品・サービスの開発や提供ができます。

　さらには，同じく20代の一人暮らしの独身男性であっても，人によって欲求も行動パターンも違います。たとえば，20代の一人暮らしの独身男性でも，自炊をする人と自炊をしない人では，外食する頻度も違うでしょうし，たまにしか外食しない人と日常的に外食している人では行く店の種類も1回の外食で許容し得る予算も違うはずです。同じ年代の勤め人でも，喫茶店を毎日のように利用する人とたまにしか利用しない人では，喫茶店の用途も違えば，1回あたりの予算も違うでしょう。そうした違いを踏まえて，ある程度グルーピングできれば，より欲求に適合した商品・サービスの提供ができるはずです。

　そこに登場したのが，サイコグラフィック・セグメンテーション（心理的細分化）です。これは，人口統計学的特性や社会経済的特性の他に，趣味，関心領域，価値観，性格，行動パターンなど，心理学的特性も加味してセグメンテーションを行うものです。物質的に貧しく，生活必需品の購入が中心の時代なら，人口統計学的特性や社会経済的特性で足りたかもしれませんが，モノが満ち溢れ，心の充足が中心の時代になると，心理学的特性の重要性が増してきます。サイコグラフィック・セグメンテーションを行うことで，どのような商品・サービスが欲求充足につながりやすいかが明確になります。

10.2.2　ポジショニング（位置取り）

　どんなに素晴らしい商品や店舗を開発しても，よほど目新しいものでない限り，競合する商品や店舗が必ずあるものです。たとえ当初は画期的なアイデアに基づいたものであっても，必ず追随してくる他社が出てくるため，どんな商品あるいは店舗であっても競合他社としのぎを削ることにならざるを得ません。そんな中，消費者に自社商品・店舗を選んでもらうためには，他とは違う何かが必要です。そこで意識されるのが差別化戦略です。競合が予想される他社と差別化して自社商品・店舗の特徴をアピールするためには，消費者によって各ブランドや店舗がどのように受け止められているか，いわば各ブランドや店舗が消費者の心の中でどのように認知され，どのような感情を喚起するのかを知

コラム10-2　ポジショニング（位置取り）の実際例

　新しいコンセプトの店を出店するにあたって，既存の他社の店との差別化が不十分だと埋もれてしまいます。そこでポジショニングによる差別化が必要になります。たとえば，高級感を売り物にするのか，低価格を売り物にするのか。前者であれば重厚感や落ち着いて寛げる感じをいかに醸し出すかが鍵になるでしょうし，後者であればコスト削減や利便性が鍵になるでしょう。読書するなど自分の世界に浸れる雰囲気を売り物にするか，知人と楽しく談話できる雰囲気を売り物にするかによっても，こだわるべきところが違ってきます。飲食店であれば，価格と味のほどよいバランスを売り物にするか，素材へのこだわりを売り物にするかによって，工夫すべき点も違ってきます。

　このように，機能面，価格面，デザイン，手触り，素材，雰囲気，耐久性，利便性，アフターサービスなど，それぞれのケースによって適切な軸を設定して，同業他社の商品なり店舗なりをポジショニングしてみると，競合するのはどこで，競合しないのはどこかが見えてきます。そこがはっきりしたら，競合他社とどのように差別化するか，そのためにどんなことができそうかといった戦略を練って，アピールポイントを具現化していきます。

　　　　　　　　　（榎本博明『ビジネス心理学　100本ノック』日経文庫）

っておく必要があります。そこで行われるのがポジショニングです（コラム10-2）。これは位置取りのことで，人間関係や自分自身を理解する際にも有効な概念ですが，マーケティングでも盛んに用いられるようになっています。

10.3　イノベーション理論とオピニオンリーダー

10.3.1　イノベーション理論

　新製品が出るたびに飛びつく人がいますが，それである程度売れたとしても，その後すぐに普及するとは限りません。普及過程をモデル化したロジャーズ（2003）のイノベーション理論では，新製品などの採用の早さによって，ターゲットとなる人たちを 5 つのカテゴリーに分類しています。統計学的に正規分布を仮定して，それぞれの比率が算出されています（図 10-5）。

1.　**イノベーター（冒険的）**……新しいものにすぐに飛びつきます。目新しいものが好きで，冒険好きで，周囲の人たちの動向を気にしないため，変わり者にみられることもあります。周囲からは尊敬されていないかもしれませんが，普及過程において重要な役割を果たしています。

2.　**初期採用者（オピニオンリーダー的）**……新しいアイデアを思慮深く採用します。情報に目を光らせており，社会に共有されている価値観に照らし合わせてじっくり検討した上で採用しますが，それが承認欲求の充足につながっています。

3.　**前期追随者（前期多数派＝慎重派）**……わりと慎重で，初期採用者たちにより広まり始めたのを確認してから追随します。普及過程でのつなぎ役としての役割を果たします。

4.　**後期追随者（後期多数派＝懐疑派）**……懐疑的かつ警戒心をもってイノベーションに接近し，周囲の多くの人たちが採用しているのを見て，多数派から後れをとりたくないといった発想から追随します。ほとんどの人が採用するまでは動きません。

5.　**採用遅滞者（因習派）**……新しいものには強い抵抗があり，なかなか採用しようとしない保守的な心理傾向をもちます。

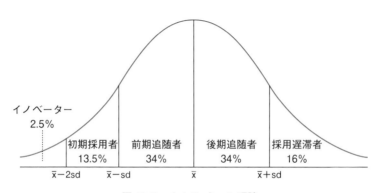

図 10-5 イノベーション理論

イノベーションを採用する時点によって計測される革新性の次元は，連続的な量です。

革新性の変数は，採用時点の平均値（x̄）から標準偏差（sd）分ずつずらすことで，5 つの採用者カテゴリーに区分されます。

10.3.2 オピニオンリーダー

　ロジャーズによれば，新商品や新サービスは普及率が10〜25％に達する頃に普及し始め，50％を超えると急速に普及していきます。このような普及の鍵を握る人物のことをオピニオンリーダーといいます（表10-6）。イノベーターは変わり者ゆえに，イノベーターが採用しても，周囲の人は躊躇しがちですが，初期採用者が動きだすと，周囲の人たちが影響を受け始めます。その意味で，ロジャーズは初期採用者の中にオピニオンリーダーが含まれるとします。オピニオンリーダーとは，周囲の人たちに対して影響力のある人物のことです。

　カッツとラザースフェルド（1955）のコミュニケーションの2段階の流れ仮説によれば，消費者は直接マスメディアの影響を受けるだけでなく，オピニオンリーダーを通して影響を受けることもあります。カッツとラザースフェルドは，口コミの影響力は，ラジオ広告の2倍，対面販売の4倍，雑誌広告の7倍としています。そうなると，口コミで影響力をもつオピニオンリーダーを対象に情報を流していくのが効果的といえます。インターネットの時代になって，オピニオンリーダーの行動パターンも変わってきました。ブログやツイッター，口コミサイトなど，ネット上での発信によって大きな影響力をもつオピニオンリーダーの存在感が増しています。

10.3.3 口　コ　ミ

　企業が仕掛けてマスメディアを通して流す広告などと違って，消費者の間で自然発生的に情報が流れるのが口コミです。かつては対面的な個人間のコミュニケーションを通して情報が流れるのが一般的でしたが，ネットコミュニケーションが盛んに行われるようになり，口コミもインターネットによるものが中心になってきています。実際，ツイッターやブログ，フェイスブックやインスタグラムといったSNSの書き込みや写真がきっかけになって，特定の商品や店，イベント，場所などが注目され，人が殺到するといったことも珍しくありません。インターネット上の口コミの特徴として，かつてのような対面的コミュニケーションによる口コミと比べて，現実に会うことがないような不特定多数の人たちに情報が流れるため一気に拡散する可能性があることや，対面場面

表 10-6　**オピニオンリーダーを見つけるための質問項目** (杉谷, 2012)

【オピニオンリーダー尺度】（ソロモン，2011 より作成）

1. 普段あなたは友人や近所の人と（　　）について話すことがあり
   ますか？

2. あなたが友人や近所の人と（　　）について話す時，多くの情報
   を提供できますか？

3. この6ヶ月間で，新しい（　　）について何人に話をしました
   か？

4. 周りの友人と比べて，あなたは（　　）についてどれくらいよく
   尋ねられますか？

5. 新しい（　　）について話す時，あなたは聞き手になることが多
   いですか？　話し手になることが多いですか？

6. 友人との会話の中で，あなたは情報源として利用されることが多
   いですか？

でしゃべられた言葉と違って書き込まれた情報が記録に残るためいつまでも影響力をもつことがあります。

　口コミの影響力に関しては，飲食店を選ぶのに38％の人が口コミ情報を参考にしているという報告（ウォーカー，1995）や，映画の興行収入が大きな影響を受けているといった報告（バサロイたち，2003）などがあります。SNSへの新規加入者を獲得するための広告活動の効果を比較した研究では，メディアを介したPRやイベントの効果は数日しか続かないのに対して，口コミの効果は3週間続くことが示されています（トルソフたち，2009）。このところのSNS利用者の飛躍的な増加に伴い，インターネットを介した口コミの影響力はますます強まっていると考えられます。

　さらに，口コミで伝わる肯定的な情報と否定的な情報を比較すると，否定的な情報のほうが影響力が大きいとされ，実際にオンライン書店の売れ行きは肯定的なレビュー（5つ星評価）よりも否定的なレビュー（1つ星評価）の影響を受けやすいことが確認されています（シェヴァリエとメイズリン，2006）。

　そこには損失回避と関係するネガティヴィティ・バイアスが働いていると考えられます（バウマイスターたち，2001; ロジンとロイズマン，2001）。それは，否定的な情報にとくに注意が向く心理傾向を指します。ゆえに，口コミによる否定的な情報の影響力は侮れません。現実に，口コミで悪い情報が流されたために危機的状況に陥った企業や店の事例もみられます。そこで，口コミを利用した仕掛けをする企業や店も出てきています。もともとは口コミというものは自然発生的で非営利的な情報の流れとみなされてきましたが，最近は戦略的に仕組まれた営利的な口コミもあるので，消費者としては注意が必要です。

文化心理

人の心理の異文化間比較

　異文化の人と接すると，態度も考え方も感受性も，なぜこんなに自分たちと違うのだろうと戸惑うことがあります。当然のことながら，自分たちの常識が通用しません。そのような文化による違いは，文化とパーソナリティ形成の研究として探究されてきました。パーソナリティ形成における文化・社会的要因には，親による直接的しつけだけでなく，個人を含む文化（社会）のもつ風俗習慣・宗教・価値観など，さまざまなものが考えられます。1920年代の後半になると，アメリカの文化人類学はフロイトの精神分析学の影響のもとに大きな転回点を迎えました。そこで盛んになったのが，異なる文化・社会に属する人間を比較することによって，パーソナリティ形成に影響する文化・社会的要因を明らかにするという研究方法です。

11.1.1　文化類型学

1. ベネディクトの「文化の型」

　文化人類学者ベネディクトは，ディルタイの世界観の類型の影響のもと，文化の型の類型化を試みました。その際に用いられたのが，哲学者ニーチェの提唱したアポロ型・ディオニュソス型という2つの型です。アポロ型というのは，穏やかで誠実で競争心が乏しく，中庸を生活原理とするもので，ディオニュソス型というのは，競争心が強く闘争的で，富や権力を得ることによる優越を最高の徳とするものです（表11-1）。ベネディクト（1934）は，アメリカのインディアンやメラネシアの島民の実地調査に基づいて，北米のズニ・インディアンやプエブロ・インディアンをアポロ型の典型，北米の平原インディアン，クワキウトル・インディアンやメラネシアのドウ族をディオニュソス型の典型としました。

2. ミードの青年期の危機と男性的・女性的パーソナリティ

　サピアやベネディクトといった先駆者に続く本格的な研究は，文化人類学者ミードに始まるといってよいでしょう。ミード（1928）は，ポリネシアのサモア島の調査に基づき，**青年期の危機**というものが身体的・生理的変化に伴って

表 11-1 ニーチェによる文化の類型化

アポロ型……穏やかで誠実で競争心が乏しく，中庸を生活原理とするもの。

ディオニュソス型……競争心が強く闘争的で，富や権力を得ることによる
優越を最高の徳とするもの。

必然的にやってくるのではなく，文化的・社会的に規定されたものだということを発見しました。サモアの社会では，子どもは大家族の中で育てられるため，特定の人物に対する愛着がなく，性に関しても開放的であり，性の目覚めによる衝撃もありません。また，大人としての生き方に関する価値観が単一であるため，進路選択で悩むこともありません。こうした事情により，子どもから大人への移行が連続的に円滑に行われるため，青年期の葛藤がないのです。

　さらにミード（1949）は，ニューギニアの3部族の調査に基づいて，文化の違いを越えて普遍的なものと考えられていた**男性的パーソナリティ**とか**女性的パーソナリティ**が，じつはけっして先天的なものではなく育児様式の違いにより後天的につくられたものであることを見出しました。調査した3つの部族が，それぞれ対照的な育児様式とパーソナリティをもっていたのです。つまり，アラペシュ族では，男女ともに過保護に育てられ，人を攻撃しないようにしつけられるため，男女ともおとなしく協調的という，いわゆる女性的パーソナリティを身につけていました。これに対して，首狩りが盛んなムンドゥグモール族では，男女ともに勇猛性を理想として育てられるため，男女とも勇敢で闘争的という，いわゆる男性的パーソナリティを身につけていました。チャンブリ族に至っては，男は家で手芸細工をやり，女が漁業に携わり経済的実権を握っているところから，男は依存的で繊細で傷つきやすく，女は積極的でたくましいという，いわゆる男女を反対にしたパーソナリティがみられたのです。

　男性的パーソナリティや女性的パーソナリティがまったく後天的なものであるとする点に関しては批判も多く，後にミード自身も先天的要因を認めているものの，この調査結果は女性解放運動の拠り所となりました。

11.1.2　文化とパーソナリティ

　ベネディクトやミードの研究をきっかけとして，育児様式とパーソナリティ形成の関係を探る研究が，1930年代になって盛んに行われるようになりました。これらを総括して，文化とパーソナリティ研究といいます。

1．カーディナーの制度と基本的パーソナリティ

　カーディナーの理論の中心となるのは制度という概念です（表11-2）。カー

表 11-2　カーディナーの制度と基本的パーソナリティ

制度

　一次的制度……授乳様式，排泄訓練などの直接的な育児行動や，家族構成
　　　　　　　　など，育児に影響するもの。
　二次的制度……タブー，宗教，儀式，民話，思考様式など基本的パーソナ
　　　　　　　　リティの投影によってつくられる。

パーソナリティ

　基本的パーソナリティ……一定の社会の成員に共通にみられるもの。
　　　　　　　　　　　　　一次的制度が基本的パーソナリティをつくる。
　　　　　　　　　　　　　基本的パーソナリティは生涯を通じて変わらな
　　　　　　　　　　　　　い。
　個人的パーソナリティ……遺伝などにより個人によって異なるもの。

ディナー（1939）は，諸制度の集合体を文化と考えますが，制度を一次的制度
と二次的制度に分けています。また，パーソナリティも，一定の社会の成員に
共通にみられる**基本的パーソナリティ**と，遺伝などにより個人によって異なる
個人的パーソナリティに分けています。**一次的制度**とは，授乳様式，排泄訓練
などの直接的な育児行動や，家族構成など育児に影響するものです。一次的制
度が基本的パーソナリティをつくるとしますが，カーディナーはこの基本的パ
ーソナリティは生涯を通じて変わらないと考えました。**二次的制度**とは，タブ
ー，宗教，儀式，民話，思考様式などを指し，カーディナーはこれらは基本的
パーソナリティの投影によってつくられると考えました。

　カーディナーの理論は，あまりにも図式的すぎる点，基本的パーソナリティ
が乳幼児期に決定されそのまま固定されるとする点，偶然の影響を考慮してい
ない点などが批判されています（祖父江，1976）。

2. フロムの社会的パーソナリティ

　カーディナーを批判し，社会学的立場からパーソナリティ形成について論じ
たのがフロムです。フロム（1941）は，乳幼児期ばかりでなく生涯にわたって
パーソナリティが形成されていくと考えました。また，カーディナーが直接的
な育児様式によってパーソナリティがつくられると考えたのに対して，フロム
は，それぞれの社会ごとに要求されるパーソナリティの型があり，子どもは直
接・間接に要求されているパーソナリティの型を知り，身につけていくとしま
す。

　そこで重要となるのが**社会的パーソナリティ**という概念です。これは，個々
人の特殊性ではなく一定の社会集団の共通性に関するもので，1つの集団の大
部分の成員がもっているパーソナリティ構造の本質的な中核であり，その集団
に共通な基本的経験と生活様式の結果として発達したものだとフロムは言いま
す。社会的パーソナリティの形成には，政治，経済，宗教などさまざまな社会
的制度が関与しますが，人はこれらの社会的条件に適応しているうちに，社会
の側からの要請によってやらされていることを，あたかも自らが欲してそうし
ているかのように思い込まされていきます（表11-3）。

　フロムはさらに，近代資本主義社会の巨大な経済機構の中で歯車の一つに成

表 11-3　フロムの社会的パーソナリティ

社会的パーソナリティ

① 1 つの集団の大部分の成員がもっているパーソナリティ構造の本質的な中核。
② その集団に共通な基本的経験と生活様式の結果として発達したもの。

社会的パーソナリティの形成には，政治，経済，宗教などさまざまな社会的制度が関与

　人はこれらの社会的条件に適応しているうちに，社会の側からの要請によってやらされていることを，あたかも自らが欲してそうしているかのように思い込まされていく。

り下がってしまった近代人の社会的パーソナリティについて論じています。ますます巨大資本に支配される方向に突き進んでいる現在，フロムの考察は示唆に富むものといえます。

　フロムの理論は，さまざまな社会的制度がパーソナリティ形成に及ぼす影響力を考慮に入れている点においてカーディナーの理論の欠点を補っているといえますが，社会的制度に対する人間の側からの作用についての考察が欠けているように思われます。

3.　リントンの基本的パーソナリティ型

　人類学者の立場からカーディナーの説を修正し，フロムと同じく社会からの要求に基づくパーソナリティ形成を論じているのがリントンです。リントン（1945）の説において中心的位置を占めるのは，**基本的パーソナリティ型**という概念です。リントンは，人は社会からの要求性に基づいて，その社会の成員によって共有されている基本的パーソナリティ型を身につけていくと考えますが，フロムと違ってその形成過程を2つに分けます。一つは，「子どもに対する，他の諸個人の，文化型に従った行動から生ずる」ものであり，乳幼児期の育児行動を中心としてなされるパーソナリティ形成の側面です。もう一つは，「その個人が属している社会に特徴的な行動型を観察すること，あるいはそれに従うように訓練されること」による生涯を通じてのパーソナリティ形成です。前者はカーディナー的な見方，後者はフロム的な見方といえます（表11-4）。

　リントンは，フロムの考え方を推し進めて，**身分的パーソナリティ**というものを提唱しています。これは，各人が社会の中で占める一定の身分に従って与えられた役割を効果的に果たすために必要な行動の型のことです。

　さらにリントンは，「文化は，特異な個人に対しては，その人の気に合わないような行動形式を強いて課するであろうが，その社会のメンバーの大半がその行動を嫌った場合には，文化が譲歩しなければならない」として，人間の（パーソナリティの）側からの文化への働きかけをも考慮に入れています。

4.　モーダル・パーソナリティ

　以上のような基本的パーソナリティの探究に対して，心理テスト等を駆使してその文化に広くみられるパーソナリティを統計的につかもうとするモーダ

表 11-4　リントンの基本的パーソナリティ型と身分的パーソナリティ

基本的パーソナリティ型……社会からの要求性に基づいて，その社会の成員によって共有されているパーソナリティの型。

その形成過程には 2 つの側面がある。
①子どもに対する，他の諸個人の，文化型に従った行動から生ずるもの。乳幼児期の育児行動を中心としてなされるパーソナリティ形成の側面。

②その個人が属している社会に特徴的な行動型を観察すること，あるいはそれに従うように訓練されることによる生涯を通じてのパーソナリティ形成。

身分的パーソナリティ……各人が社会の中で占める一定の身分に従って与えられた役割を効果的に果たすために必要な行動の型のこと。

ル・パーソナリティ研究が出てきました。モーダル・パーソナリティ研究は，心理テストや生活史調査など心理学的方法を用いて，ある社会・文化に属する人々のデータを積み上げていきます。その意味で，こじつけ的な解釈になりにくいといった長所がある反面，なぜそのようなパーソナリティが広く共有されているのかに関する歴史的・文化的な説明がなく，表面的な特徴の羅列で無味乾燥なものになりやすいといった短所があります（野村，1979）。**基本的パーソナリティとモーダル・パーソナリティの特徴は表11-5のように整理できます。**

　基本的パーソナリティとモーダル・パーソナリティのどちらにもいえることですが，このような研究で示されているのは，その文化に典型的にみられるパーソナリティ類型であり，同じ文化内においても著しい個人差があることは念頭に置いておく必要があります。

11.2　日本的自己と人間関係

11.2.1　コンテクスト度と「察し合い」の人間関係

　日本人の共感性の高さは，言葉にしない思いまでも察するという，日本特有のコミュニケーションにつながっています。それは，遠回しな言い方，以心伝心，暗黙の了解，察し合いなどといわれる，言葉に頼らないコミュニケーションを可能にします。ホール（1976）は，意思の疎通を言葉に頼る文化と言葉に頼らない文化があることを指摘し，**コンテクスト度（文脈度）**という概念を提唱しています（表11-6）。コンテクスト度の低い文化とは，人々の間に共通の文化的文脈がなく，言葉ではっきり言わないと通じ合えない文化のことです。欧米のような言葉ではっきり伝えるコミュニケーションは，コンテクスト度が低い文化の特徴といえます。一方，コンテクスト度の高い文化とは，人々が共通の文化的文脈をもち，わざわざ言葉で言わなくても通じ合う文化のことです。日本のようなはっきり言葉に出さないコミュニケーションは，コンテクスト度の高い文化の特徴ということになります。

　私たち日本人は，とくに意識していないものの，ごく自然に高コンテクスト

表 11-5 モーダル・パーソナリティと基本的パーソナリティの比較
(野村, 1979)

モーダル・パーソナリティ	基本的パーソナリティ
①統計的概念 ②心理学的資料より帰納された方法 ③変異（個人差）を認める ④文化的資料はパーソナリティ資料とは切離される ⑤実証的方法（テスト，自伝など） ⑥度数（frequency）を問題とする ⑦得られた結果は基本的に分類的構造（taxonomic structure）を構成する	非統計的概念 文化的資料（ethnographic data）より演繹された方法（cultural deductive principle） 同一文化の下での同一影響の仮定 文化的資料とパーソナリティ資料の混同（小宇宙的比喩論 microcosmic metapher） 解釈的方法（ことに精神分析的解釈） パターンの重要性を強調する（中心構造 core structure の仮定） 仮説ながら，文化とパーソナリティの力動的構造（dynamic structure）を考察しようとする

表 11-6 コンテクスト度

【コンテクスト度の低い文化】
人々の間に共通の文化的文脈がなく，言葉ではっきり言わないと通じ合えない文化。

【コンテクスト度の高い文化】
人々が共通の文化的文脈をもち，わざわざ言葉で言わなくても通じ合う文化。

表 11-7 高コンテクスト・コミュニケーションのチェックリスト
(榎本, 2014)

1. 相手の依頼や要求が受け入れがたいときも，はっきり断れず，遠回しな言い方で断ろうとする。
2. 相手の意見やアイデアに賛成できないときも，はっきりとは反対しない。
3. はっきり言わずに，相手に汲み取ってほしいと思うことがある。
4. 相手の出方を見ながら，自分の言い分を調節するほうだ。
5. これ以上はっきり言わせないでほしい，察してほしいと思うことがある。
6. 相手の期待や要求を察して，先回りして動くことがある。
7. 相手の言葉から，言外の意図を探ろうとするほうだ。
8. 相手の気持ちを察することができるほうだ。

のコミュニケーションを用いています（表11-7）。遠回しな言い方で断ろうとする。賛成できなくてもはっきりと反対しない。はっきり言わずに汲み取ってほしい。相手の期待や要求を察して先回りして動く。これらは低コンテクストのコミュニケーションを用いる欧米人などには意味不明でしょう。一方，私たち日本人にはごくふつうのことであり，ほとんどの項目が自分に当てはまると思うのではないでしょうか。このような高コンテクストのコミュニケーションに幼い頃から馴染んでいるせいで，私たち日本人の共感性は磨かれるのです。

11.2.2　「人の目」が気になる心理

　欧米人は人の目など気にせずに思ったことを堂々と主張するのに対して，私たち日本人は人の目ばかり気にして情けない，などといわれることがあります。たしかに私たち日本人は人の目をとても気にします（コラム11-1）。しかし，それは悪いことなのでしょうか。人の目を気にせず，相手の気持ちも考えずに，自分勝手な自己主張することのほうが望ましいのでしょうか。これについては，つぎの項で考えることにしましょう。

　心理学や精神医学の用語のほとんどが欧米から輸入され翻訳されたものですが，対人恐怖というのは日本で生まれた概念だといわれます。**対人恐怖**とは，人と一緒にいると極度の不安と緊張に駆られるため，対人場面を避けようとする神経症です。対人恐怖の中でもその中核にあるのは視線恐怖であるとされますが，これは人前に出ると視線が気になり，極度の緊張感に襲われるため，人前に出るのを恐れるものです。視線恐怖までいくと，かなり極端な状態ですが，人からどう見られるかが気になって仕方がないというのは，多くの日本人に共有されている心理でしょう。それは，相手から切り離されていない日本的な自己のあり方と密接に関係するものといえます。

　日本の精神文化を世界に伝えたいという意図で，『武士道』を英語で執筆しアメリカで出版した新渡戸稲造は，日本人にとって名誉の感覚はとくに重視され，「恥を知る心」は少年の教育において最も重要であり，「笑われるぞ」「体面を汚すぞ」「恥ずかしくないか」といった言葉は少年に正しい行動を促す際の最後の戒めだったと言います。他者の目に映る自分の姿を想像することで自

コラム11-1　「人の目」が気になって仕方がない

　（前略）人づきあいにおいてはだれもが「人の目」を気にせざるを得ない。初対面の相手やよく知らない相手に気をつかうのは当然だが，友だちづきあいでも同じだ。

　何か言おうとするたびに，こんなことを言ったら気分を害するだろうか，どんな反応が期待されているのだろうかと気になる。

　何か言った後も，どんなふうに思っているのだろう，気分を害していないだろうか，期待に応えることができているだろうかと気になる。

　楽しげに雑談しているときも，ほんとうに楽しいのだろうか，退屈していないだろうかと気になる。

　だんだん親しくなってくるのは嬉しいものの，どこまで自分を出したらよいのか，つまらない人間だと思われないだろうか，飽きられないだろうかと気になる。

　いつ頃から「人の目」を気にするようになったかを尋ねると，中学生くらいから気になり始めたという学生が多い。それは，認知能力の発達により，自意識が高まり，自分を見つめ，自分が人からどのように見られているかを気にするようになるのが思春期の特徴だからだ。

　「人の目」を通して自分自身を見つめるようになる。ゆえに，「人の目」が気になって仕方がないのだ。

　友だちと談笑していても，たえず自分がどう見られているかが気になってしまい，顔は笑っていても，心の中は楽しいどころか必死に綱渡りをしている感じになる。とくに，うっかり自分を出し過ぎて相手に退かれた経験がある場合は，非常にぎこちなくなる。

　友だちづきあいを上手にこなしているように見える場合も，心の中では似たような葛藤が渦巻いている。

　中学の頃，クラスの人気者で，アイドル的な存在とみなされていて，友だちからは羨ましがられていたという学生も，じつはほんとうの自分を出せずに必死に演技をし続けなければならず，ものすごく生きづらさを感じていたという。

　　　　　　（榎本博明『「対人不安」って何だろう？』ちくまプリマー新書）

分の行動を律していくといった形で自己形成することによって，私たち日本人
は，たえず自分の姿が他者の目にどのように映るかを意識するようになります。

11.2.3　他者志向性と文化的自己観

　人の意向や期待を気にする日本的な心のあり方に関しては，他人の意向を気
にするのは主体性がない，自分がないなどと批判されることがありますが，そ
れは欧米的な人間観に基づいた発想なのではないでしょうか（榎本，2017）。

　東（1994）は，日本人の他者志向を未熟とみなすのは欧米流であり，他者と
の絆を強化し，他者との絆を自分の中に取り込んでいくのも，一つの発達の方
向性とみなすべきではないかとしています。

　「たとえば日本人の『他者志向性』は，自我の未発達と表裏一体を成すもの
と見えるかもしれない。けれども他から切れていた方が成熟度が高いと見るの
は，開拓社会的な価値観の視点に立ってのことではないだろうか。自己が自己
完結的になっていくのもひとつの発達の方向だろうが，他との絆が強くなりそ
れが自分の中に取り込まれていくのもやはりひとつの発達の方向で，価値的に
どちらを上とはいえないのではないだろうか」（東，1994）

　このような欧米と日本の自己の発達の方向の違いを考える際に参考になるの
が，マーカスと北山（1991）による文化的自己観です。**文化的自己観**とは，
個々の文化において歴史的に生み出され，そこに属する成員に暗黙のうちに共
有されている自己観，つまり人間とはこういうものだという通念のことです。
マーカスと北山は，アメリカをはじめとする西欧文化，とくに北米中流階級に
典型的にみられる独立的自己観と，日本をはじめとする東洋文化に典型的にみ
られる相互依存的（相互協調的）自己観を対比させています（図11-1）。独立
的自己観によれば，個人の自己は，他者や状況といった社会的文脈から切り離
され，その影響を受けない独立した存在とみなされます。したがって，自己は，
能力，才能，パーソナリティ，動機など個人のもつ属性によって定義されます。
それに対して，相互依存的自己観によれば，個人の自己は，他者や状況といっ
た社会的文脈と強く結びついており，その影響を強く受けるとみなされます。
したがって，自己は，他者との関係性や状況の中で定義されます（表11-8）。

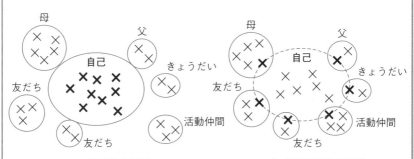

A. 独立的自己観　　　　　　　　　B. 相互依存的自己観

図 11-1　独立的自己観と相互依存的自己観（マーカスと北山，1991）

表 11-8　独立的自己観と相互依存的自己観の比較
（マーカスと北山，1991 を簡略化）

	独立的自己観	相互依存的自己観
定義	社会的文脈から分離している	社会的文脈と結びついている
構造	境界が明確，単一，安定	柔軟，変化しやすい
重要な特徴	内的，指摘	外的，公的（地位，役割，関係性）
課題	個性的であること 自己を表現すること 内的属性を理解すること 自分の目標を追求すること 思うことを率直に言うこと	所属し，適応すること 適所を得ること 適切な活動に従事すること 他者の目標達成を助けること 他者の気持ちを読んでものを言うこと
自尊感情の基盤	自己表現能力，内的属性への自信	適応能力，自己抑制，周囲との調和

11.2.4　状況依存社会と間柄の文化

　榎本（2012）は，日本的な自己やコミュニケーションのあり方をめぐる考察をもとに，日本社会を状況依存社会と定義づけ，その特徴を分析しています。

　「（前略）状況依存社会とは，状況から独立して存在する一貫した原理原則が行動を規定するのではなく，具体的な状況に応じてそれにふさわしい行動が決まってくる社会のことである。

　状況依存的な自己の出し方は，敬語や自称詞・対称詞といった言葉遣いにも，端的にあらわれている。言語表現の多様なニュアンスが日本語の特徴とも言われるが，私たちは，相手との関係がわからないと，どんな言葉を使えばよいかが決まらないため，初対面の人との会話には非常に気を遣う。

　年齢関係，地位関係，役割関係，親密さなどによって，適切な言葉やしゃべり方が異なってくる。相手との間柄がはっきりしないかぎり，言葉遣いを決めることさえできないため，どうにも話しにくい。」（榎本，2012）

　木村（1972）は，相手がだれであっても「you」ですんでしまう英語に対して，徹底した自己中心主義であると指摘しています。相手がだれであるかは無視され，二人称代名詞で呼ばれる相手は，自己にとっての相手にすぎず，相手に即した相手その人ではありません。自分の目の前にいる他者から，その一切の個別性を奪って，それが自己に対立する相手であるという，自己本位の契機だけを抽象したものが，西洋の二人称代名詞であるというのです。これに関連して榎本（1987）は，自称詞が「I」だけですむ英語と違って，日本語では相手との関係性によって適切な自称詞が決まってくることを例示し，日本文化においてはだれといようと一定不変の自己などなく，具体的な場面設定によって，その場にふさわしい自己が形をとってくるといった心理メカニズムの存在を指摘しています。相手を指す代名詞も同様です（表11-9）。相手との関係性を考慮し，相手の気持ちまで思いやらないと言葉遣いも決められない日本語と，相手がだれであれ一定の言葉遣いですませられる欧米の言語の違いには，その言語を用いる人の心の違いが映し出されているはずです。

　このように自己のあり方もコミュニケーションのあり方も他者との関係性に大いに依存しているところに日本的な人間関係の特徴があるといえます。そこ

表11-9　間柄によって言葉づかいが決まる

自分を指す代名詞	私	僕	オレ	
相手を指す代名詞	あなた	君	おたく	○○さん

で筆者は，欧米の文化を自己中心の文化，日本の文化を間柄の文化と名づけて
対比させています（榎本，2016，2017；表11-10）。

　自己中心の文化とは，自分が思うことを思う存分主張すればよい，あること
がらを持ち出すかどうか，ある行動をとるかどうかは自分の意見を基準に判断
すればよい，とする文化のことです。欧米の文化は，まさに「自己中心の文
化」といえます。そのような文化のもとで自己形成してきた欧米人の自己は，
個として独立しており，他者から切り離されています。一方，「**間柄の文化**」
とは，一方的な自己主張で人を困らせたり嫌な思いにさせたりしてはいけない，
あることがらを持ち出すかどうか，ある行動をとるかどうかは相手の気持ちや
立場に配慮して判断すべき，とする文化のことです。日本の文化は，まさに
「間柄の文化」といえます。そのような文化のもとで自己形成してきた日本人
の自己は，何ごとに関しても自分だけを基準とするのではなく他者の気持ちや
立場に配慮して判断するのであり，個として閉じておらず，他者に対して開か
れています。そのような日本的な自己のあり方に対して，主体性がないなどと
批判的なことを言う人がいますが，それは自己中心の文化の価値基準を絶対化
する見方といってよいでしょう。

11.3　自己肯定感にみられる文化差

11.3.1　自己肯定感と向上心

　自己肯定感という言葉が教育界に広まり，子どもたちの自己肯定感を高める
ことが重視される風潮がありますが，そもそも自己肯定感というのはどのよう
に測られているのでしょうか。心理学の世界では**自尊感情**という概念が広く用
いられ，ローゼンバーグ（1965）の尺度で測定されてきました（表11-11）。
このローゼンバーグの自尊感情尺度には，日本文化には馴染まない項目が含ま
れています。筆者は，常々文化的要因を考慮すべきであると言ってきましたが，
自尊感情尺度も例外ではありません。榎本（2002，2004）は，面接調査に際し
て自尊感情尺度を用いた経験に基づき，話していて得られる印象と尺度得点と
の間に乖離があるのではないかという疑問を提起してきました。つまり，この

表 11-10　「自己中心の文化」と「間柄の文化」(榎本, 2016)

自己中心の文化………	自分が思うことを思う存分主張すればよい，ある事柄を持ち出すかどうか，ある行動をとるかどうかは自分の意見を基準に判断すればよい，とする文化。
間 柄 の 文 化………	一方的な自己主張で人を困らせたり嫌な思いにさせたりしてはいけない，ある事柄を持ち出すかどうか，ある行動をとるかどうかは相手の気持ちや立場に配慮して判断すべき，とする文化。

尺度で自尊感情得点が高い人が必ずしも面接において自信を感じさせる人物でなかったり，面接で自信を感じさせる人物が必ずしもこの尺度で自尊感情得点が高くなるわけではないことを指摘し，自尊感情を測定する際には，謙遜の美を意識させる日本文化の特徴といった文化的要因を考慮する必要性を指摘しました。

　謙遜を美徳とする日本文化のもとで自己形成してきた私たちが，たとえば傲慢な態度はとれないと思い，表11-11の項目①「すべての点で自分に満足している」を否定すると，自尊感情は低くなってしまいます。自分を過信するのは良くない，謙虚さを失わないようにしたいと思い，項目⑤を肯定すると，やはり自尊感情は低くなります。それに関連して着目したいのが向上心です。十分な実力や実績があるのに自己肯定感が低い場合，本人がもっと高いところに自己評価の基準を置いているということが考えられます。一方，実力からしても実績からしても自分の不十分さを感じてよいはずなのに，なぜか自己肯定感が高いという場合，本人の自分に対する要求水準が低いということが考えられます。

　自尊感情（自己肯定感とほぼ重なるもの）の心理学の端緒を開いたともいえるローゼンバーグ（1965）は，自尊感情はありのままの自己を受け入れるだけでなく，成長し欠点を克服するという動機づけを含むものとみなしています。フェルドマン（1995）も，自尊感情を自分自身の価値，評価，重要性などの総合的な査定であると定義した上で，向上心と自信の程度の双方を反映するものとしています。ここからいえるのは，自己肯定感はただ高ければよいというようなものではないということ，そして自己肯定感について考える際には向上心を考慮する必要があるということです。

　自己肯定感を測定する際に，国際比較調査などでよく用いられるのが「自分に満足している」という質問項目です。その結果，欧米の国々では自分に満足している人が8割以上いるのに日本では4割台にすぎないということになり，日本人の自己肯定感は著しく低く，欧米並みに高めなければならないといわれたりします。でも，それは文化的背景を無視した議論です。

表 11-11　**ローゼンバーグの自尊感情尺度**
（ローゼンバーグ，1965；星野，1970）

①私はすべての点で自分に満足している。

②私はときどき，自分がてんでだめだと思う。

③私は，自分にはいくつか見どころがあると思っている。

④私はたいていの人がやれる程度には物事ができる。

⑤私にはあまり得意に思うところがない。

⑥私は時々たしかに自分が役立たずだと感じる。

⑦私は少なくとも自分が他人と同じレベルに立つだけの価値がある人だと思う。

⑧もう少し自分を尊敬できたらばと思う。

⑨どんなときでも例外なく自分も失敗者だと思いがちだ。

⑩私は自身に対して前向きの態度をとっている。

（②⑤⑥⑧⑨は逆転項目。「あてはまらない」場合に自尊感情得点が高くなる。）

11.3.2　自己肯定を追求するか，周囲に溶け込もうとするか

　クロッカーとパーク（2004）は，自尊感情の追求はけっして普遍的な人間の欲求ではなく文化的現象だと言います。その証拠として，日本人は他者との関係や結びつきに重きを置き，目立つことよりも溶け込むことを重視するという心理学者ハイネたち（1999）の知見をあげています。そして，日本人は，アメリカ人のようには自尊感情を維持し，守り，高揚させようとするようには見えないし，自尊感情の追求に多くのコストを払うことはないとし，アメリカ人が自尊感情の追求によって不安を軽減させることに大きなコストを払うように，日本人は周囲に溶け込むことによって不安を軽減させることに大きなコストを払うのではないかと言います。国際比較調査における自己肯定感のデータについて論じる際には，このような文化的背景を考慮してデータのもつ意味を解釈する必要があります（榎本，2002，2010；榎本と田中，2006；田中，2002，2008）。自己肯定感尺度を開発した田中（2005，2008）も，改訂版では「全体的には自分に満足している」という項目を削除しています。それは，この項目が当てはまらないと答えた人にその理由を尋ねた結果，「自分に満足してしまったら，今後の成長が望めない」など前向きな回答が多かったからです。向上心が強いために現状に満足していない状態を自己肯定感が低いとみなすのはおかしいというわけです。

　ここからいえるのは，自分の現状に満足しきれないところがあるから成長できる，自己嫌悪に陥ったりモヤモヤ悩んだりすることが自分の現状を乗り越える原動力になるといった視点をもつことの大切さです。榎本（2021）は，無理やりにでも自己肯定感を高めるべきとする風潮に対して，自己肯定感信仰と名づけていますが，以上のような事情を考慮すると，自己肯定感を高めるべきといった見解がいかに短絡的で的外れであるかがわかるはずです。自己肯定感というのは，あくまでも日頃の生活実践を通して自然に高まっていくものであり，無理に高めるようなものではないということ，何かに没頭することでいつの間にか高まっているものだということを認識しておく必要があるでしょう。

12

家族関係

12.1　養育態度と親子関係

　親の養育態度と子どもの性格の関係については，多くの研究が行われていますが，自己信頼感の強い子どもになるように育てるには民主的かつ厳格なしつけが最も望ましいという点については，おおむね見解は一致しています。

　クーパースミス（1971）は，**養育態度を受容性，許容性と罰，民主的慣行，独立性の訓練の4つの次元**でとらえ，それらの態度と子どもの自己評価との関係を検討しています。その結果，子どもの友だちをよく知っているなど，受容的でわが子に強い関心をもち，許容的でなく注意深く子どもの行動を規制し，時に罰を与えることも辞さないが，厳しさはあっても民主的精神をもつ親のもとで，自己評価の高い子どもが育ちやすいことがわかりました。

　バウムリンド（1967）は，統制の厳しさ，コミュニケーションの明快さ，成熟の要求度，養育的温かさという4つの次元に基づいて，権威主義，厳格，寛容という3つの育児様式を抽出しました（表12-1）。それらと子どもの自己有能感の関係をみると，厳格な親の子どもは，自律性が高く，自己主張的であるとともに友好的で，達成動機が強く，満足感をもち，自己有能感が最も高いことがわかりました。一方，権威主義的な親の子どもは，活力が乏しく，引っ込み思案で，達成動機が弱く，不満が多く，自己有能感は低くなっていました。また，寛容な親の子どもは，依存的で，自己コントロール力に欠け，自信がなく，達成動機が弱く，自己有能感は最も低いことがわかりました。

　このような親の養育態度が子どもの性格形成に及ぼす影響に関する研究に対して，ベル（1968）は，親の養育態度は子どもの気質に応じて決まってくるのであって，親の養育態度と子どもの性格との相関は，これまで常識とされてきたのとは逆方向に解釈すべきだと指摘しました。つまり，親の養育態度と子どもの性格との相関は，特定の養育態度が特定の子どもの性格形成を促したという方向ではなく，子どもがもともともっている特定の気質的特徴が親から特定の養育態度を引き出すといった方向で解釈すべきだというのです。

　実際は，双方向の影響関係があると考えられますが（図12-1），子どもの性格が遺伝的素質によってかなり規定されていることが明らかになってきている

表 12-1　**育児様式の 3 タイプ**（バウムリンド，1967; デーモン，1983 より）

パターン	統制 高	統制 低	コミュニケーションの明快さ 高	コミュニケーションの明快さ 低	成熟の要求 高	成熟の要求 低	養育の思い 高	養育の思い 低
権威主義的	○			○	○			○
厳格的	○		○		○		○	
寛容的		○	○			○	○	

①：親の養育態度が子どもの性格形成に影響する。

②：子どもが生まれつきもっている性格（気質）が親の養育態度を引き出す。

図 12-1　**親の養育態度と子どもの性格の関係**

ことからしても，子どもの性格が親の養育態度を規定するという視点は重要と
いえます。たとえば，ブラゼルトン（1973）は，新生児の行動評定により，抱
かれやすさに個人差があることを見出していますが，親に抱かれることを積極
的に喜ぶ抱かれやすいタイプの赤ん坊のほうが，親から温かい愛情を注がれや
すく，世話を焼かれやすいと考えられます。コーナー（1974）は，泣き方（長
さや頻度）や視覚的敏感さには誕生時にすでに個人差があることを見出してい
ます。ここからも，よく泣く子はおとなしい子よりも親から世話を焼かれやす
いというように，新生児の個性が親から子への働きかけを規定していることが
示唆されます。

　安藤（2009）は，一卵性双生児と二卵性双生児の性格や知能の類似性を検討
したいくつかの共同研究の結果をまとめています（図12-2）。一卵性双生児の
類似度と二卵性双生児の類似度の差が大きいほど遺伝規定性が強いことを意味
します。図によれば，神経症傾向（情緒不安定性），外向性，開放性（経験へ
の開放性），調和性（協調性），誠実性（信頼性）といった特性5因子説（ビッ
グ・ファイブ）でとらえられた性格特性は，いずれも一卵性双生児のほうの類
似性がはるかに高くなっています。このことは，これらの性格特性が遺伝によ
って強く規定されていることを意味します。

12.2　家族機能の文化的変動

12.2.1　家族が担う諸機能

　岡堂（1999）は，家族のもつ機能として，衣食住を確保し生命・生活を維持
していく機能，個人および家族が直面する危機に対処しそれを克服していく機
能，という2つをあげています。柏木（2003）は，家族の機能を対内的機能と
対外的機能に分け，前者には生理的欲求の充足機能や子の養育機能が含まれ，
後者には労働力の提供および再生産機能，生産機能や消費機能が含まれるとし
ています。エプスタインたち（1993）は，家族の機能として，問題解決，コミ
ュニケーション，家族内役割，情緒的応答性，情緒的親密性，行動制御をあげ
ています。問題解決とは，家族機能の有効性を維持すべく問題を解決する能力

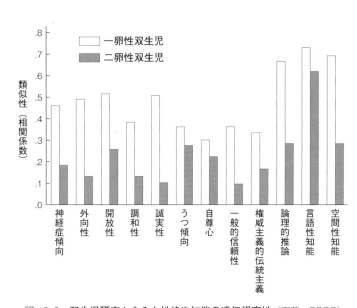

図 12-2　双生児研究からみた性格や知能の遺伝規定性（安藤，2009）

を指します。コミュニケーションとは，言語的および非言語的情報が家族内で交換される様式のことです。家族内役割とは，家族機能を遂行するために家族成員が繰り返す行動パターンのことです。情緒的応答性とは，他の家族成員に対して適切なやり方で情緒的に反応する能力を指します。情緒的親密性とは，個々の家族成員の活動や関心に対して家族が全体として関心を示し，尊重することを指します。行動制御とは，家族の置かれた状況に対処するために家族が用いる行動パターンのことです。ビーバーズとハンプソン（2000）は，家族機能として有能性，凝集性，指導性，情緒表出性をあげています。

　このように家族機能に関してはさまざまな分類がなされていますが，諸理論が提示している機能を概念的に検討してみると，家族機能を以下の5つに類型化することができます（表12-2）。エプスタインたちやビーバーズとハンプソンがあげている家族機能は，ここで④にあげた家族内コミュニケーション機能に含めることができます。その一部は⑤にもかかわってきます。⑤は①から④の4つの機能を社会的必要性に応じてうまく駆使する機能であると言い換えてもよいでしょう。これらの機能をどの程度発揮できるかによって，個々の家族の健康性を評価することができます。

12.2.2　家族適応性と家族の危機

　表12-2の⑤に示した社会的適応機能は，表の①から④の機能を総合して家族の社会適応を推進するという意味で，最も重要な家族機能といえます。岡堂（1999）は，**家族適応性**として，家族が日常生活の上で取り組む課題を解決する能力と安定を維持していく働きをあげています。すなわち，うまく機能している家族は，日常生活で取り組むべき課題を解決することで安定を維持していくことができ，うまく機能していない家族は日常生活で取り組むべき課題を解決することができず安定を維持することができないとみることができます。岡堂は，家族心理療法が必要な家族には，家族危機に際して的確な対応がとれなかったケースが多いとしています。カムシルとエプスタイン（1994）は，家族機能と青年期の子どもの抑うつとの関係を検討し，家族における凝集性と適応性に対する満足の水準が青年の抑うつ傾向と強く関係していることを見出して

表 12-2　**家族機能の類型化**

①生計維持機能（衣食住の充足）

②養育機能（子どもの養育および社会化）

③保護・介護機能（病人・けが人の世話，高齢者・障害者の介護）

④家族内コミュニケーション機能（情緒的安定性や自己受容を促進し，意思
　の疎通を促進するようなコミュニケーション）

⑤社会的適応機能（家族システムの発達段階に合わせて家族関係のあり方を
　調整し，発達的および偶発的な家族の危機にうまく対処すること）

います。

　家族機能の適応性としては，家族危機に際してうまく対処できるかどうかが問われます。**家族危機**とは，家族が対応を迫られている危機的状況を指しますが，それには発達的危機と状況的危機があります。発達的危機とは，家族の発達に伴って必然的に生じ，各発達段階において多くの家族が対応を迫られる危機のことです。状況的危機とは，倒産や失業，災害や事故，不況，病気など，偶発的に生じ，たまたま特定の家族が対応を迫られる危機のことです（図12-3）。

12.2.3　文化的変動に伴う家族機能の変化

　文化の変動に伴って人々のライフスタイルにもさまざまな変化が生じていますが，家族機能にも変化がみられます。佐藤（1996）は，家族の機能が福祉から幸福へと主観的・心理的な色彩を強めていると指摘しています。家族がケアの機能をもつ福祉志向集団から主観的・情緒的な幸福追求集団へと変容しつつあるとする森岡（2000）の指摘も同じ動きに着目したものといえます。

　ここでいう福祉機能とは，先にあげた筆者の家族機能類型では保護・介護機能に相当しますが，この機能に限らず，サービス産業の発展や福祉政策の充実に伴って，従来家族が担っていた機能の外部化が着実に進行しています。たとえば，生計維持機能も，外食産業の発展や工業製品のコストダウンにより，急速に外部化が進んでいます。養育機能も同様です。子どもの養育は親の努めといった伝統的価値観の崩壊や保育サービスの充実によって，子育ての外部化が大規模に進行中です。こうした流れは，家族にはどのような機能が残されるのか，そもそも家族という制度は必要なのかといった議論さえ生んでいます。

　家族機能の脆弱化への対応として，社会福祉政策の強化やサービス産業の振興がますます必要とされているというのが，現代の家族が置かれている状況です。しかし，もう一方で考えなければならないのは，家族がかつて担っていた機能の再生・強化といった方向です（図12-4）。たとえば，家族成員が学校任せであった子どもの養育・社会化機能をより良く発揮できるように，教育的働きかけをしたりサポート体制を整えたりすることも重要だと考えられます。

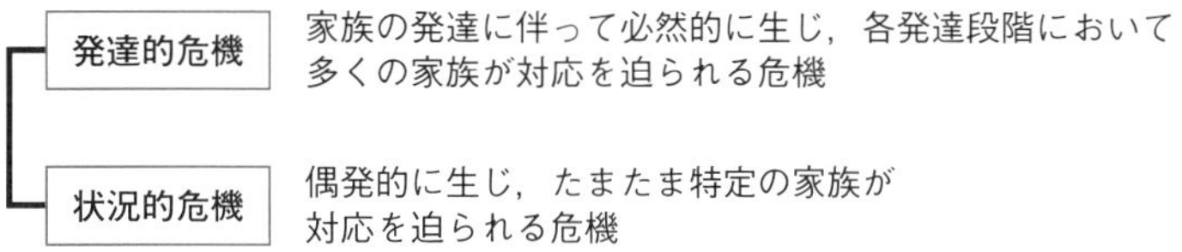

発達的危機　家族の発達に伴って必然的に生じ，各発達段階において
多くの家族が対応を迫られる危機

状況的危機　偶発的に生じ，たまたま特定の家族が
対応を迫られる危機

図 12-3　家族の危機

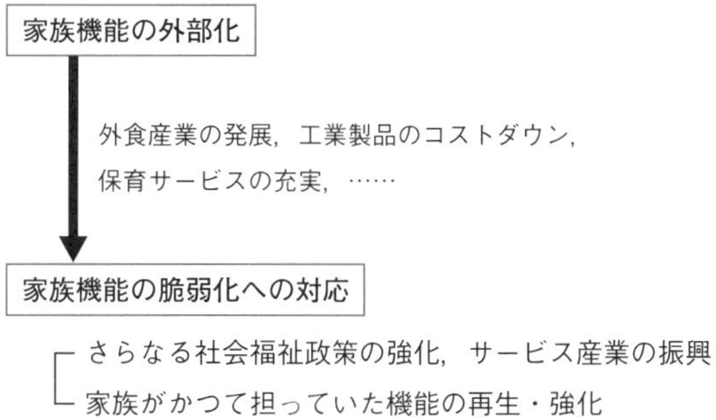

家族機能の外部化

外食産業の発展，工業製品のコストダウン，
保育サービスの充実，……

家族機能の脆弱化への対応

┌ さらなる社会福祉政策の強化，サービス産業の振興
└ 家族がかつて担っていた機能の再生・強化

図 12-4　家族機能の脆弱性とその対応

12.3　システムとしての家族

12.3.1　家族システム論

　家族システム論では，家族を1つの有機体であるかのように扱います。システムというのは，相互に依存し合う構成要素からなっており，システム内のある構成要素の変化は他の構成要素の変化を促し，その結果としてシステム全体の変化が生じることになります。この考えを家族に当てはめたのが家族システム論です。**家族システム論**では，家族は個々の家族成員同士の相互関係によって成り立つ生きたシステムとみなされます。その中には，父親（夫），母親（妻），息子，娘といった構成要素があり，システムによっては祖父や祖母などの構成要素が含まれます。これらの構成要素が，夫婦，母子，父子，きょうだいなどのサブシステムを構成します。もちろん，1人の人物がサブシステムを構成することもあります（図12-5）。

　家族システム論では，ある構成要素（特定の人物）に問題が生じた場合，その構成要素のみにアプローチするのではなく，サブシステムやシステム全体に働きかけることを目指します。そこでは，サブシステムの構造やサブシステム間の関係が変化することで，家族システムが変わり，その結果として問題になっている構成要素にも変化が生じるという考え方が前提となっています。

　たとえば，思春期の子に何らかの問題が生じた場合など，一般的には，その子個人の問題として理解し，対処しようとします。それに対して，家族システム論の立場からは，たまたまその特定の個人において問題が表面化したけれども，その問題の根はその個人にあるのではなく，家族というシステムの歪みにあるとみなし，家族システムを健全化することによって，個人にあらわれた問題を解決しようとします。もちろん，どこに問題の根があるかは個々の事例によって異なります。夫婦というサブシステムのあり方に問題がある場合もあり，父子や母子といったサブシステムのあり方に問題がある場合もあります。夫婦のサブシステムの問題が母子のサブシステムの問題につながっている場合もあれば，祖母と母のサブシステムの問題が母子のサブシステムの問題につながっている場合もあります。

図 12-5　家族システム

12.3.2 家族の心理構造

　構造的家族療法の創始者であるミニューチン（1974）は，システムとしての家族における成員間の関係のあり方の特徴を分析する枠組みとして，家族の心理構造に着目しました。そして，家族関係を規定するルールを理解するための鍵となる概念として，境界，提携，勢力の３つを重視しています（図12-6）。

1. 境　　界

　家族という上位システムの中には，個々の家族成員というサブシステム，あるいは複数の家族成員が結びついたものとしてのサブシステムが含まれます。システムやサブシステムを仕切るのが**境界**です。たとえば，家族全体としてのシステムと社会あるいは周囲の他の家族システムとの間を仕切る境界があります。両親で構成されるサブシステムと子どもたちで構成されるサブシステムの間には，世代による境界があります。父と息子で構成されるサブシステムと母と娘で構成されるサブシステムの間には，性別による境界があります。祖母—母親—娘というサブシステムと父親というサブシステムの間に境界があるといったケースや，父親—娘というサブシステムと母親—息子というサブシステムの間に境界があるといったケースもあり得ます（図12-7）。

　境界がとくに問題となるのは，境界が極度に堅固で相互作用が生じにくい遊離状態と，境界が極度に不明瞭で自他の区別がない未分化状態です（図12-7）。遊離状態とは，家族の成員間やサブシステム間の境界が強固で相互に浸透しにくいことを指します。このように，個々の家族成員やサブシステム同士がお互いにほとんどかかわりがないような動きを示す家族を遊離家族といいます。未分化状態とは，家族メンバー間やサブシステム間の境界が不明瞭で，相互の自立性が低く，お互いに強く依存し合っていることを指します。境界が不明瞭であるため，個々の家族成員やサブシステム同士が自他の区別がついていないかのような感じ方や考え方を示します。相互の依存性がきわめて高く，それぞれの自立性が低いため，家族成員は，ことあるごとに互いに巻き込まれ，振り回されることになります。このように境界があいまいで自他が未分化な状態にある家族を網状家族あるいはもつれ家族（亀口，1999）といいます。

　一般にはある家族メンバー間あるいはサブシステム間の境界が遊離状態にあ

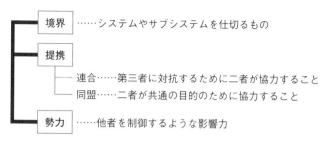

図 12-6　境界，提携，勢力

図 12-7　家族システムとして問題となる境界の例

るとき，別のメンバー間あるいはサブシステム間の境界が未分化状態にあった
りします。たとえば，母子密着，父親の心理的不在などといわれる状況は，母
親と子どもの間の境界が未分化で，母子で形成されるサブシステムと父親との
境界が遊離しているとみなすことができます。

2. 提　携

　提携には，連合と同盟があります。ヘイリー（1981）によれば，連合は第三
者に対抗するために二者が協力することを指します。一方，同盟は二者が共通
の目的のために協力することを指し，第三者との敵対関係は含みません。ここ
では，連合に絞って解説することにします。典型的にみられる連合として，ア
ルコール依存症により家族に乱暴を働く父親に対抗して母子が連合する場合や，
仕事で不在がちで家庭内のことには一切無関心かつ無責任な父親に対抗して母
子が連合する場合などがあります。

　平木（1999）は，グリックとケスラー（1980）による家族連合の類型を参考
に，典型的な5つに類型化しています。榎本（2003）は，それをさらに7つの
連合に改変して類型化しています（図12-8）。その際，典型的なものとして，
父親，母親，息子，娘の四者を構成要素とする家族システムを想定しています。

1. 夫婦間の連合が協力で，親世代と子世代の世代間境界が確保され，すべて
のコミュニケーション・チャンネルが等しく機能している望ましいタイプ。

2. 夫婦間の連合が欠けているか非常に弱く，父親―娘，母親―息子といった
世代と性を交差した強力な連合があり，それら二者間以外のコミュニケーショ
ン・チャンネルは閉ざされており，家族システムが2つのサブシステムに分裂
し，全体として機能していない，問題をはらんだタイプ。

3. 夫婦間の連合が欠けているか非常に弱く，父親―息子，母親―娘といった
世代を越えた同性の強力な連合があり，それら二者間以外のコミュニケーショ
ン・チャンネルは閉ざされており，家族システムが2つのサブシステムに分裂
し，全体として機能していない，問題をはらんだタイプ。

4. 母親は子世代のそれぞれと強力な連合を形成しており，子どもたちの連合
も強いものの，夫婦間のコミュニケーション・チャンネルや父親と子どもたち
のコミュニケーション・チャンネルは閉ざされており，父親は家族の中で孤立

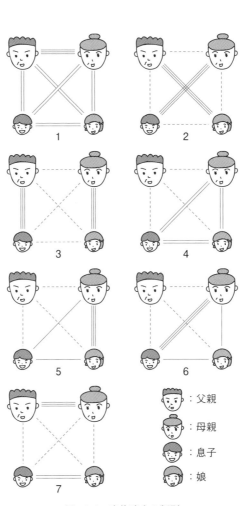

図 12-8　家族連合の類型

し，夫婦間の連合も世代間の境界もみられず，問題をはらんだタイプ。

5．母親が娘との間にとくに強力な連合を形成し，密着状態にあり，夫婦間の
コミュニケーション・チャンネルや父親と子どもたちのコミュニケーション・
チャンネルは閉ざされている。息子と母親や娘（きょうだい）との間のコミュ
ニケーション・チャンネルもあまりうまく機能していない。父親は家族の中で
孤立し，夫婦間の連合も世代間の境界もみられず，息子もやや遊離気味で，問
題をはらんだタイプ。

6．5の娘と息子を入れ替えた，同じく問題をはらんだタイプ。

7．夫婦間には強力な連合があり，子ども同士のコミュニケーション・チャン
ネルも開かれているが，親世代と子世代との間のコミュニケーション・チャン
ネルは閉ざされており，世代間に亀裂があって，親としての子に対する役割が
機能していないタイプ。

3．勢　　力

　勢力とは，他者を制御するような影響力のことですが，家族システムにおけ
る勢力は，個々の家族成員相互の影響力を指します（図12-9）。遊佐（1984）
によれば，勢力とは家族が機能するための機動力のようなものであり，それは
適切な境界や提携が前提となって機動力を発揮することになります。たとえば，
仕事で忙しくて，家に不在がちな父親の子どもに対する勢力は，母親が父親と
子どもをどうつなぐかにかかっています。そこには，夫婦や親子というサブシ
ステムのあり方が関係します。

　勢力には，消極的な形で行使するタイプのものもあります。たとえば，甘や
かされて育った子どもは，親に甘えるといった形で要求や望みをかなえてもら
うのであり，受け身ではあっても親に対する勢力は強いといえます。西村と亀
口（1991）は，問題行動児をもつ家族では，家族成員間の勢力が偏っており，
成員間のコミュニケーションの仕方が偏っていると想定しています。そして，
症状が軽減・消失し，家族機能が回復するにつれて，成員間の勢力はより均衡
化し，コミュニケーションの仕方にも偏りがなくなるという仮説のもとに，家
族療法の進展に伴って勢力が均衡化していくことを実証しています。

　勢力とは……個々の家族成員相互の影響力。問題によって勢力関係が異なる。

【例】
子どもの身だしなみや日常の行動に対しては母親が勢力をもち，子どもの進
路や問題行動に対しては父親が勢力をもつ。

● 父親が仕事で忙しくて家庭に不在がちな場合
母親が父親と子どもをどうつなぐかにより，父親が子どもに対して勢力をもて
るかどうかが決まってくる。

図 12-9　勢　　力

12.3.3 家族システム論に特徴的な視点

1. 二者関係に還元しない

　子どもに何らかの問題行動が生じた場合，母子関係など特定の二者関係にその原因を求めることが多いのに対して，そのような二者関係に還元せずに，家族システム全体の問題としてとらえようとするのが家族システム論の特徴です（表12-3）。仮に母子密着が問題だということがわかったとしても，そうした母子関係のあり方に夫婦関係の不和や希薄さが影響している可能性もあります。母親が実家の母親すなわち問題を起こした子どもにとっての祖母から心理的に自立していないことが影響している可能性もあります。したがって，何ごとも二者関係に還元せずに家族システム内のあらゆる関係を検討するのです。

2. 双方向の因果の流れを想定

　家族システム論の特徴として，一方向の因果の流れのみでなく，双方向の因果の流れを想定するということもあります（表12-3）。子どもに何らかの問題が生じると，その原因を親の養育態度に求めることが多いものですが，親の養育態度が子どもの性格形成に影響するだけでなく，子どもの性格が親の養育態度に影響するといった逆方向の因果の流れを想定することもできます。多くの場合，どちらか一方の因果の流れのみが正しいということはなく，双方向の因果の流れがあって，相互の影響が循環し強化し合っているとみることができます。

3. 目的論的な受け止め方

　家族システム論の特徴として，必要に応じて目的論的な見方をとるということがあります（表12-3）。家族の一要素であるだれかに問題が生じたとして，なぜこのような問題が生じたのかを原因にさかのぼってとらえようとするのではなく，この問題には家族システムの歪みを正すという積極的な意味があるとみなすのです。いわば，家族システムの機能不全を解消し，より健全な家族システムを再構築するために，ある個人に問題が生じたとみるのです。つまり，因果論でなく目的論によって，問題行動のもつ意味を理解しようとするのです。

表 12-3　家族システム論に特徴的な 3 つの視点

1.　二者関係に還元しない

【例】

母子密着の場合でも，その他の関係についての検討も行う。

2.　双方向の因果の流れを想定

【例】

子どもに問題が生じたとき，その原因として親の養育態度を検討するだけで
なく，子どもが元々もっている性格についても検討する。

3.　目的論的な受け止め方

【例】

子どもに問題が生じたとき，なぜこのような問題が生じたのかと原因を探る
だけでなく，この問題は何を目的として生じたのかといった視点での検討も
行う。

引 用 文 献

第 1 章

Asch, S. E.（1946）. Forming impressions of personality. *Journal of Abnormal and Social Psychology*, *41*, 258-290.

Bruner, J. S., & Tagiuri, R.（1954）. Person perception. In G. Lindzey（Ed.）, *Handbook of social psychology*. Vol.2（pp.634-654）. Cambridge, MA: Addison-Wesley.

Carpenter, S. L.（1988）. Self-relevance and goal-directed processing in the recall and weighting of information about others. *Journal of Experimental Social Psychology*, *24*, 310-332.

Cohen, C. E.（1981）. Person categories and social perception: Testing some boundaries of the processing effect of prior knowledge. *Journal of Personality and Social Psychology*, *40*, 441-452.

大坊 郁夫（1997）. 魅力の心理学　ポーラ文化研究所

Dornbusch, S. M., Hastorf, A. H., Richardson, S. A., Muzzy, R. E., & Vreeland, R. S.（1965）. The perceiver and perceived: Their relative influence on categories of interpersonal perception. *Journal of Personality and Social Psychology*, *1*, 434-440.

Dovidio, J. F., ten Vergert, M., Stewart, T. L., Gaertner, S. L., Johnson, J. D., Esses, V. M., ...Pearson, A. R.（2004）. Perspective and prejudice: Antecedents and mediating mechanisms. *Personality and Social Psychology Bulletin*, *30*, 1537-1549.

Graham, J. A., & Jouhar, A. J.（1981）. The effects of cosmetics on person perception. *International Journal of Cosmetic Science*, *3*, 199-210.

林 文俊（1978）. 対人認知構造の基本次元についての一考察　名古屋大学教育学部紀要, *25*, 233-247.

Kelley, H. H.（1950）. The warm-cold variable in first impressions of persons. *Journal of Personality*, *18*, 431-439.

藏本 知子（2022）. 視点取得が他者の印象評定に及ぼす効果——テキストマイニングを用いての検討——　心理学研究, *93*, 1-9.

Lefkowitz, M., Blake, R. R., & Mouton, J. S.（1955）. Status factors in pedestrian violation of traffic signals. *Journal of Abnormal and Social Psychology*, *51*, 704-706.

Lennon, S. J.（1990）. Effects of clothing attractiveness on perceptions. *Home Economics Research Journal*, *18*, 303-310.

Macrae, C. N., Bodenhausen, G. V., Milne, A. B., & Jetten, J.（1994）. Out of mind but back in sight: Stereotypes on the rebound. *Journal of Personality and Social Psychology*, *67*, 808-817.

McGarty, C., Yzerbyt, V. Y., & Spears, R.（2002）. *Stereotypes as explanations*. Cambridge University Press.
（マクガーティ, C.・イゼルビット, V. Y.・スピアーズ, R.　国広 陽子（監修）有馬 明恵・山下 玲子（監訳）（2007）. ステレオタイプとは何か——「固定観念」から「世界

を理解する"説明力"」へ—— 明石書店）

森川 和則（2015）．化粧による顔の心理効果——顔錯視研究の観点から—— 映像情報メディア学会誌，*69*，842-847.

永野 光朗・小島 外弘（1990）．服装特徴と印象形成——手がかりの優位性の検討—— 繊維製品消費科学，*31*，288-293.

大橋 正夫・平林 進・長戸 啓子・吉田 俊和・佐伯 道治（1975）．性格の印象評定における面接法と質問紙法 名古屋大学教育学部紀要，*22*，83-102.

Rosenberg, S., Nelson, C., & Vivekananthan, P.（1968）. A multidimensional approach to the structure of personality impressions. *Journal of Personality and Social Psychology*, *9*, 283-294.

Schiavo, R. S., Sherlock, B., & Wicklund, G.（1974）. Effect of attire on obtaining directions. *Psychological Reports*, *34*, 245-246.

田戸岡 好香・村田 光二（2010）．ネガティブなステレオタイプの抑制におけるリバウンド効果の低減方略——代替思考の内容に注目して—— 社会心理学研究，*26*，46-56.

高木 麻未（2010）．友人とのつきあい方と被服行動の関連——被服が友人関係形成に及ぼす影響の探索的検討—— 繊維製品消費科学，*51*，129-134.

Wegner, D. M., Schneider, D. J., Carter, S. R., & White, T. L.（1987）. Paradoxical effects of thought suppression. *Journal of Personality and Social Psychology*, *53*, 5-13.

吉川 美奈子・榎本 博明（2000）．化粧行動・被服選択と自己概念 日本性格心理学会発表論文集，*8*，82-83.

第2章

Becknell, J. C. Jr., Wilson, W. R., & Baird, J. C.（1963）. The effect of frequency of presentation on the choice of nonsense syllables. *Journal of Psychology*, *56*, 165-170.

Bower, G. H., Gilligan, S. G., & Monteiro, K. P.（1981）. Selectivity of learning caused by affective states. *Journal of Experimental Psychology: General*, *110*, 451-473.

Byrne, D.（1961）. Interpersonal attraction and attitude similarity. *Journal of Abnormal and Social Psychology*, *62*, 713-715.

Byrne, D., & Clore, G. L.（1970）. A reinforcement model of evaluative responses. *Personality: An International Journal*, *1*, 103-128.

Byrne, D., & Griffitt, W.（1966）. A developmental investigation of the law of attraction. *Journal of Personality and Social Psychology*, *4*, 699-702.

Byrne, D., London, O., & Griffitt, W.（1968）. The effect of topic importance and attitude similarity-dissimilarity on attraction in an intrastranger design. *Psychonomic Science*, *11*, 303-304.

Byrne, D., & Nelson, D.（1964）. Attraction as a function of attitude similarity-dissimilarity: The effect of topic importance. *Psychonomic Science*, *1*, 93-94.

Dion, K. K., Berscheid, E., & Walster, E.（1972）. What is beautiful is good. *Journal of Personality and Social Psychology*, *24*, 285-290.

Dutton, D. G., & Aron, A. P.（1974）. Some evidence for heightened sexual attraction under conditions of high anxiety. *Journal of Personality and Social Psychology*, *30*, 510-517.

Eagly, A. H., Ashmore, R. D., Makhijani, M. G., & Longo, L. C.（1991）. What is beautiful is good, but...: A meta-analytic review of research on the physical attractiveness stereotype. *Psychological Bulletin*, *110*, 109-128.

Festinger, L., Schachter, S., & Back, K. W.（1963）. *Social pressures in informal groups*. Stanford University Press.

Forgas, J. P., & Bower, G. H.（1987）. Mood effects on person-perception judgments. *Journal of Personality and Social Psychology*, *53*, 53-60.

Griffit, W.（1970）. Environmental effects on interpersonal affective behavior: Ambient effective temperature and attraction. *Journal of Personality and Social Psychology*, *15*, 240-244.

Landy, D., & Sigall, H.（1974）. Beauty is talent: Task evaluation as a function of the performer's physical attractiveness. *Journal of Personality and Social Psychology*, *29*, 299-304.

Miller, A. G.（1970）. Role of physical attractiveness in impression formation. *Psychonomic Science*, *19*, 241-243.

Newcomb, T. M.（1956）. The prediction of interpersonal attraction. *American Psychologist*, *11*, 575-586.

Schachter, S., & Singer, J.（1962）. Cognitive, social and physiological determinants of emotional state. *Psychological Review*, *69*, 379-399.

Segal, M. W.（1974）. Alphabet and attraction: An unobtrusive measure of the effect of propinquity in a field setting. *Journal of Personality and Social Psychology*, *30*, 654-657.

Singh, D.（1993）. Adaptive significance of female physical attractiveness: Role of waist-to-hip ratio. *Journal of Personality and Social Psychology*, *65*, 293-307.

Walster, E., Aronson, V., Abrahams, D., & Rottmann, L.（1966）. Importance of physical attractiveness in dating behavior. *Journal of Personality and Social Psychology*, *4*, 508-516.

Zajonc, R. B.（1968）. Attitudinal effects of mere exposure. *Journal of Personality and Social Psychology（Monograph）*, *9*, 1-27.

第３章

Campbell, J. D., & Fehr, B.（1990）. Self-esteem and perceptions of conveyed impressions: Is negative affectivity associated with greater realism? *Journal of Personality and Social Psychology*, *58*, 122-133.

Cooley, C. H.（1902）. *Human nature and the social order*. New York: Charles Scribner's Sons.

榎本 博明（1982）. 青年期における自己開示性（1）　日本心理学会第 46 回大会発表論文集, 299.

榎本 博明（1987a）. 青年期（大学生）における自己開示性とその性差について　心理学研究, *58*, 91-97.

榎本 博明（1987b）. 自己開放性と適応──仮面と自己をめぐって──　島田 一男（監修）瀧本 孝雄・鈴木 乙史（編）講座　人間関係の心理 6　性格と人間関係（pp.89-121）　ブレーン出版

榎本 博明（1993）. 自己概念の場面依存性に関する研究　日本社会心理学会第 34 回大会発表論文集, 230.

榎本 博明（1998）.「自己」の心理学――自分探しへの誘い―― サイエンス社

榎本 博明（2002）. 自己概念の場面依存性について 大阪大学大学院人間科学研究科紀要, *28*, 96-115.

榎本 博明（2021）. 承認欲求に振り回される人たち クロスメディア・パブリッシング

Erikson, E. H.（1959）. *Identity and the life cycle: Selected papers.* New York: International University Press.

（エリクソン, E. H. 小此木 啓吾（訳編）（1973）. 自我同一性――アイデンティティと ライフサイクル―― 誠信書房）

Gallup, G. G. Jr.（1977）. Self-recognition in primates: A comparative approach to the bidirectional properties of consciousness. *American Psychlogist, 32,* 329-338.

Higgins, E. T.（1987）. Self-discrepancy: A theory relating self and affect. *Psychological Review, 94,* 319-340.

Higgins, E. T., Bond, R. N., Klein, R., & Strauman, T.（1986）. Self-discrepancies and emotional vulnerability: How magnitude, accessibility, and type of discrepancy influence affect. *Journal of Personality and Social Psychology, 51,* 5-15.

Higgins, E. T., Klein, R., & Strauman, T.（1985）. Self-concept discrepancy: A psychological model for distinguishing among different aspects of depression and anxiety. *Social Cognition, 3,* 51-76.

James, W.（1892）. *Psychology: Briefer course.* London: Macmillan.

（ジェームズ, W. 今田 寛（訳）（1992-1993）. 心理学（上・下） 岩波書店）

Kernis, M. H., Granneman, B. D., & Barclay, L. C.（1989）. Stability and level of self-esteem as predictors of anger arousal and hostility. *Journal of Personality and Social Psychology, 56,* 1013-1022.

Kihlstrom, J. F., & Cantor, N.（1984）. Mental representations of the self. *Advances in Experimental Social Psychology, 17,* 1-47.

Kroger, J.（2000）. *Identity development: Adolescence through adulthood.* SAGE.

（クロガー, J. 榎本 博明（編訳）（2005）. アイデンティティの発達――青年期から成人 期―― 北大路書房）

Lewis, M., & Brooks-Gunn, J.（1979）. *Social cognition and the acquisition of self.* New York: Plenum.

Markus, H., & Nurius, P.（1986）. Possible selves. *American Psychologist, 41,* 954-969.

Markus, H., & Wurf, E.（1987）. The dynamic self-concept: A social psychological perspective. *Annual Review of Psychology, 38,* 299-337.

Maslow, A. H.（1954）. *Motivation and personality.* New York: Harper & Row.

（マズロー, A. H. 小口 忠彦（監訳）（1971）. 人間性の心理学――モチベーションとパ ーソナリティ―― 産業能率短期大学出版部）

笹川 智子・猪口 浩伸（2012）. 賞賛獲得欲求と拒否回避欲求が対人不安に及ぼす影響 目白 大学心理学研究, *8,* 15-22.

佐々木 淳・菅原 健介・丹野 義彦（2001）. 対人不安における自己呈示欲求について――賞賛 獲得欲求と拒否回避欲求との比較から―― 性格心理学研究, *9,* 142-143.

Shavelson, R. J., Hubner, J. J., & Stanton, G. C. (1976). Self-concept: Validation of construct interpretations. *Review of Educational Research, 46,* 407-441.

Strauman, T. J., & Higgins, E. T. (1987). Automatic activation of self-discrepancies and emotional syndromes: When cognitive structures influence affect. *Journal of Personality and Social Psychology, 53,* 1004-1014.

菅原 健介 (1986). 賞賛されたい欲求と拒否されたくない欲求――公的自意識の強い人に見られる 2 つの欲求について―― 心理学研究, *57*, 134-140.

Tesser, A. (1988). Toward a self-evaluation maintenance model of social behavior. *Advances in Experimantal Social Psychology, 21,* 181-227.

Tesser, A., & Campbell, J. (1982). Self-evaluation maintenance and the perception of friends and strangers. *Journal of Personality, 50,* 261-279.

Tesser, A., Campbell, J., & Smith, M. (1984). Friendship choice and performance: Self-evaluation maintenance in children. *Journal of Personality and Social Psychology, 46,* 561-574.

Van Hook, E., & Higgins, E. T. (1988). Self-related problems beyond the self-concept: Motivational consequences of discrepant self-guides. *Journal of Personality and Social Psychology, 55,* 625-633.

第 4 章

Anderson, C. A., & Bushman, B. J. (2001). Effects of violent video games on aggressive behavior, aggressive cognition, aggressive affect, physiological arousal, and prosocial behavior: A meta-analytic review of the scientific literature. *Psychological Science, 12,* 353-359.

Anderson, K. B., Anderson, C. A., Dill, K. E., & Deuser, W. E. (1998). The interactive relations between trait hostility, pain, and aggressive thoughts. *Aggressive Behavior, 24,* 161-171.

Bushman, B. J. (1995). Moderating role of trait aggressiveness in the effects of violent media on aggression. *Journal of Personality and Social Psychology, 69,* 950-960.

Crick, N. R., & Grotpeter, J. K. (1995). Relational aggression, gender, and social psychological adjustment. *Child Development, 66,* 710-722.

Darley, J. M., & Latané, B. (1968). Bystander intervention in emergencies: Diffusion of responsibility. *Journal of Personality and Social Psychology, 8,* 377-383.

Davis, M. H. (1983). Measuring individual differences in empathy: Evidence for a multidimensional approach. *Journal of Personality and Social Psychology, 44,* 113-126.

Dill, K. E., Anderson, C. A., Anderson, K. B., & Deuser, W. E. (1997). Effects of aggressive personality on social expectations and social perceptions. *Journal of Research in Personality, 31,* 272-292.

Dodge, K. A., & Coie, J. D. (1987). Social-information-processing factors in reactive and proactive aggression in children's peer groups. *Journal of Personality and Social Psychology, 53,* 1146-1158.

土居 健郎 (1971). 「甘え」の構造　弘文堂

土居 健郎 (2001). 続「甘え」の構造　弘文堂

Dollard, J., Doob, L. W., Miller, N. E., Mowrer, O. H., & Sears, R. R. (1939). *Frustration and ag-*

gression. New Haven, CT: Yale University Press.

（ドラード，J.・ミラー，N. E.・ドーヴ，L. W.・マウラー，O. H.・シアーズ，R. R. 宇津木 保（訳）（1959）．欲求不満と暴力　誠信書房）

Drabman, R. S., & Thomas, M. H.（1974）. Does media violence increase children's toleration of real-life aggression? *Developmental Psychology, 10*, 418-421.

Eisenberg, N., Fabes, R. A., & Spinrad, T.（2006）. Prosocial development. In N. Eisenberg, W. Damon, & R. M. Lerner（Eds.）, *Handbook of child psychology*. Vol.3: *Social emotional, and personality development*（6th ed., pp.646-718）. Hoboken, NJ: John Wiley & Sons.

榎本 博明（2016）．他人を引きずりおろすのに必死な人　SB クリエイティブ

榎本 博明（2017）．思いやりのない子は増えているか　児童心理，*71*（10），26-32.

藤井 勉・澤田 匡人（2014）．自尊感情とシャーデンフロイデ——潜在連合テストを用いた関連性の検討——　感情心理学研究，*21*，114-123.

藤原 和政・西村 多久磨・福住 紀明・河村 茂雄（2019）．視点取得はソーシャルスキルの変化を予測するか——親和動機の調整効果——　心理学研究，*89*，562-570.

針原 素子（2015）．向社会的行動が「偽善」と判断される時——推測された動機が及ぼす影響——　日本心理学会第 79 回大会発表論文集，284.

Huesman, L. R.（2007）. The impact of electronic media violence: Scientific theory and research. *Journal of Adolescent Health, 41*, S6-S13.

Huesman, L. R., Moise-Titus, J., Podolski, C., & Eron, L. D.（2003）. Longitudinal relations between children's exposure to TV violence and their aggressive and violent behavior in young adulthood: 1977-1992. *Developmental Psychology, 39*, 201-221.

Latané, B., & Darley, J. M.（1970）. *The unresponsive bystander: Why doesn't he help?* Meredity.

（ラタネ，B.・ダーリー，J. M. 竹村 研一・杉崎 和子（訳）（1997）．新装版　冷淡な傍観者——思いやりの社会心理学——　ブレーン出版）

Leary, M. R., Twenge, J. M., & Quinlivan, E.（2006）. Interpersonal rejection as a determinant of anger and aggression. *Personality and Social Psychology Review, 10*, 111-132.

Moir, D. J.（1974）. Egocentrism and the emergence of conventional morality in preadolescent girls. *Child Development, 45*, 299-304.

Newman, G. E., & Cain, D. M.（2014）. Tainted altruism: When doing some good is evaluated as worse than doing no good at all. *Psychological Science, 25*, 648-655.

大渕 憲一（2011）．新版 人を傷つける心——攻撃性の社会心理学——　サイエンス社

大平 健（1995）．やさしさの精神病理　岩波書店

岡田 涼（2012）．大学生における日常の受容・拒絶体験と自尊心，攻撃性との関連　パーソナリティ研究，*21*，84-86.

Paik, H., & Comstock, G.（1994）. The effects of television violence on antisocial behavior: A meta-analysis. *Communication Research, 21*, 516-546.

Richardson, D. R., Hammock, G. S., Smith, S. M., Gardner, W., & Signo, M.（1994）. Empathy as a cognitive inhibitor of interpersonal aggression. *Aggressive Behavior, 20*, 275-289.

坂井 玲奈（2005）．思いやりに関する研究の概観と展望——行動に表れない思いやりに注目する必要性の提唱——　東京大学大学院教育学研究科紀要，*45*，143-148.

澤田 匡人（2008）．シャーデンフロイデの喚起に及ぼす妬み感情と特性要因の影響——罪悪感，自尊感情，自己愛に着目して—— 感情心理学研究，*16*，36-48．

Schechter, M. D., & Rand, M. J.（1974）．Effect of acute deprivation of smoking on aggression and hostility. *Psychopharmacologia*, *35*, 19-28.

谷田 林士・山岸 俊男（2004）．共感が社会的交換場面における行動予測の正確さに及ぼす効果 心理学研究，*74*，512-520．

豊田 雪乃・小林 正法・大竹 恵子（2021）．援助想像が援助意図に及ぼす影響——イラスト刺激と文章刺激の比較—— 心理学研究，*92*，111-121．

Twenge, T. M., Baumeister, R. R., Tice, D. M., & Stucke, T. S.（2001）．If you can't join them, beat them: Effects of social exclusion on aggressive behavior. *Journal of Personality and Social Psychology*, *81*, 1058-1069.

第5章

Bringle, R. G.（1991）．Psychosocial aspects of jealousy: A transactional model. In P. Salovey（Ed.）, *The psychology of jealousy and envy*（pp.103-131）. New York: The Guilford Press.

Buss, A. H.（1986）．*Social behavior and personality*. Hillsdale, NJ: Lawrence Erlbaum Associates.
（バス，A．H．大渕 憲一（監訳）（1991）．対人行動とパーソナリティ 北大路書房）

榎本 博明（1997）．自己開示の心理学的研究 北大路書房

榎本 博明（2001）．恋愛の心理学——新しい自分の発見 「魅力」の法則—— 三笠書房

榎本 博明（2005）．自己開示傾向と自己開示を抑制する心理——短縮版自己開示質問紙を用いて—— 日本パーソナリティ心理学会大会発表論文集，*14*，115-116．

榎本 博明（2012）．近しい相手ほど許せないのはなぜか 角川マガジンズ

榎本 博明（2016）．傷つきやすくて困った人 イースト・プレス

榎本 博明（2018）．「対人不安」って何だろう？——友だちづきあいに疲れる心理—— 筑摩書房

榎本 博明・林 洋一・横井 優子（2001）．自己概念と対人不安（2） 日本社会心理学会第42回大会発表論文集，310-311．

Fenigstein, A., Scheier, M. F., & Buss, A. H.（1975）．Public and private self-consciousness: Assessment and theory. *Journal of Consulting and Clinical Psychology*, *43*, 522-527.

Heider, F.（1958）．*The psychology of interpersonal relations*. New York: John Wiley & Sons.
（ハイダー，F．大橋 正夫（訳）（1978）．対人関係の心理学 誠信書房）

神野 雄（2015）．嫉妬研究の概観と展望 神戸大学発達・臨床心理学研究，*14*，18-28．

神野 雄（2016）．多次元恋愛関係嫉妬尺度の作成と信頼性・妥当性の検討 パーソナリティ研究，*25*，86-88．

Lee, J. A.（1977）．A typology of styles of loving. *Personality and Social Psychology Bulletin*, *3*, 173-182.

Lennox, R. D., & Wolfe, R. N.（1984）．Revision of the Self-Monitoring Scale. *Journal of Personality and Social Psychology*, *46*, 1349-1364.

武蔵 由佳・箭本 佳己・品田 笑子・河村 茂雄（2012）．大学生における学校生活満足感と精神的健康との関連の検討 カウンセリング研究，*45*，165-174．

日本社会心理学会（編）（2009）．社会心理学事典　丸善

岡田　努（2002）．現代大学生の「ふれ合い恐怖的心性」と友人関係の関連についての考察　性格心理学研究，*10*，69-84.

Parrott, W. G. (1991). The emotional experiences of envy and jealousy. In P. Salovey (Ed.), *The psychology of jealousy and envy* (pp.3-30). New York: The Guilford Press.

Pfeiffer, S. M., & Wong, P. T. P. (1989). Multidimensional jealousy. *Journal of Social and Personal Relationships, 6*, 181-196.

Rubin, Z. (1970). Measurement of romantic love. *Journal of Personality and Social Psychology, 16*, 265-273.

Schlenker, B. R., & Leary, M. R. (1982). Social anxiety and self-presentation: A conceptualization and model. *Psychological Bulletin, 92*, 641-669.

Snyder, M. (1974). The self-monitoring of expressive behavior. *Journal of Personality and Social Psychology, 30*, 526-537.

White, G. L. (1981). A model of romantic jealousy. *Motivation and Emotion, 5*, 295-310.

横井　優子・榎本　博明（2002）．過去への態度と対人不安意識　日本性格心理学会大会発表論文集，*11*，50-51.

第6章

Altman, I., & Taylor, D. A. (1973). *Social penetration: The development of interpersonal relationships.* New York: Holt, Rinehart & Winston.

安藤　清志（1994）．見せる自分/見せない自分――自己呈示の社会心理学――　サイエンス社

Chaikin, A. L., & Derlega, V. J. (1974a). Liking for the norm-breaker in self-disclosure. *Journal of Personality, 42*, 117-129.

Chaikin, A. L., & Derlega, V. J. (1974b). Variables affecting the appropriateness of self-disclosure. *Journal of Consulting and Clinical Psychology, 42*, 588-593.

Chelune, G. J. (1976). Reaction to male and female disclosure at two levels. *Journal of Personality and Social Psychology, 34*, 1000-1003.

Chelune, G. J., Skiffington, S., & Williams, C. L. (1981). Multidimensional analysis of observers' perceptions of self-disclosing behavior. *Journal of Personality and Social Psychology, 41*, 599-606.

Clore, G. L., Wiggins N. H., & Itkin, S. (1975). Judging attraction from nonverbal behavior: The gain phenomenon. *Journal of Consulting and Clinical Psychology, 43*, 491-497.

大坊　郁夫（1998）．しぐさのコミュニケーション――人は親しみをどう伝えあうか――　サイエンス社

Derlega, V. J., & Chaikin, A. L. (1975). *Sharing intimacy: What we reveal to others and why.* NJ: Prentice-Hall

（デルレガ，V. J.・チェイキン，A. L.　榎本　博明（訳）（1983）．ふれあいの心理学　有斐閣）

Derlega, V. J., & Chaikin, A. L. (1976). Norms affecting self-disclosure in men and women. *Journal of Consulting and Clinical Psychology, 44*, 376-380.

Ekman, P., & Friesen, W. V.（1975）. *Unmasking the face: A guide to recognizing emotions from facial clues*. Prentice-Hall.
　　（エクマン，P.・フリーセン，W. V. 工藤 力（編訳）（1987）. 表情分析入門――表情に隠された意味をさぐる―― 誠信書房）

榎本 博明（1997）. 自己開示の心理学的研究　北大路書房

深田 博己（1998）. インターパーソナル・コミュニケーション――対人コミュニケーションの心理学―― 北大路書房

船津 衛（1987）. 自我と社会的相互作用　永田 良昭・船津 衛（編著）社会心理学の展開（pp.62-69）　北樹出版

Goffman, E.（1959）. *The presentation of self in everyday life*. New York: Doubleday.
　　（ゴッフマン，E. 石黒 毅（訳）（1974）. ゴッフマンの社会学 1　行為と演技――日常生活における自己呈示―― 誠信書房）

Hall, E. T.（1966）. *The hidden dimension*. New York: Doubleday.
　　（ホール，E. T. 日高 敏隆・佐藤 信行（訳）（1970）. かくれた次元　みすず書房）

Hare, A. P., & Bales, R. F.（1963）. Seating position and small group interaction. *Sociometry, 26*, 480-486.

Jones, E. E., & Gordon, E. M.（1972）. Timing of self-disclosure and its effects on personal attraction. *Journal of Personality and Social Psychology, 24*, 358-365.

Kleinke, C. L.（1975）. *First impressions: The psychology of encountering others*. Englewood Cliffs, NJ: Prentice-Hall.
　　（クラインク，C. L. 福屋 武人（監訳）榎本 博明・塩崎 万里（訳）（1984）. ファースト・インプレッション――好感を演出する―― 有斐閣）

Kleinke, C. L., & Kahn, M. L.（1978）. *Perceptions of self-disclosures: Effects of sex and physical attractiveness*. Wellesley College.

Levine, D. W., O'Neal, E. C., Garwood, S. G., & McDonald, P. J.（1980）. Classroom ecology: The effects of seating position on grades and participation. *Personality and Social Psychology Bulletin, 6*, 409-412.

Nichols, K. A., & Champness, B. G.（1971）. Eye gaze and the GSR. *Journal of Experimental Social Psychology, 7*, 623-626.

Shimoda, K., Argyle, M., & Bitti, P. R.（1978）. The intercultural recognition of emotional expressions by three national racial groups: English, Italian and Japanese. *European Journal of Social Psychology, 8*, 169-179.

Sommer, R.（1969）. *Personal space: The behavioral basis of design*. Englewood Cliffs, NJ: Prentice-Hall.
　　（ソマー，R. 穐山 貞登（訳）（1972）. 人間の空間――デザインの行動的研究―― 鹿島出版会）

Wortman, C. B., Adesman, P., Herman, E., & Greenberg, R.（1976）. Self-disclosure: An attributional perspective. *Journal of Personality and Social Psychology, 33*, 184-191.

第 7 章

Bazerman, M. H. (1983). Negotiator judgment: A critical look at the rationality assumption. *American Behavioral Scientist, 27*, 211-228.

Bazerman, M. H., & Neal, M. A. (1983). Heuristic in negotiation: Limitations to effective dispute resolution. In M. H. Bazerman, & R. J. Lewicki (Eds.), *Negotiating in organizations* (pp.51-67). Beverly Hills, CA: SAGE.

Burger, J. M. (1986). Increasing compliance by improving the deal: The that's-not-all technique. *Journal of Personality and Social Psychology, 51*, 277-283.

Chaiken, S. (1980). Heuristic versus systematic information processing and the use of source versus message cues in persuasion. *Journal of Personality and Social Psychology, 39*, 752-766.

Cialdini, R. B., Cacioppo, J. T., Bassett, R., & Miller, J. A. (1978). Low-ball procedure for producing compliance: Commitment then cost. *Journal of Personality and Social Psychology, 36*, 463-476.

Cialdini, R. B., Vincent, J. E., Lewis, S. K., Catalan, J., Wheeler, D., & Darby, B. L. (1975). Reciprocal concessions procedure for inducing compliance: The door-in-the-face technique. *Journal of Personality and Social Psychology, 31*, 206-215.

榎本 博明 (2014). 仕事で使える心理学 日本経済新聞出版社

Freedman, J. L., & Fraser, S. C. (1966). Compliance without pressure: The foot-in-the-door technique. *Journal of Personality and Social Psychology, 4*, 195-203.

Hovland, C. I., Janis, I. L., & Kelley, H. H. (1953). *Communication and persuasion: Psychological studies of opinion change.* New Haven, CT: Yale University Press.
(ホヴランド, C. I. 辻 正三・今井 省吾 (訳) (1960). コミュニケーションと説得 誠信書房)

Kahneman, D., & Tversky, A. (1979). Prospect theory: An analysis of decision under risk. *Econometrica, 47*, 263-291.

Knowles, E. S., & Linn, J. A. (Eds.). (2004) *Resistance and persuasion.* Mahwah, NJ: Lawrence Erlbaum Associates.

McGuire, W. J. (1985). Attitudes and attitude change. In G. Lindzey, & E. Aronson (Eds.), *The handbook of social psychology.* Vol.2 (3rd ed., pp.233-346). New York: Random House.

Neal, M. A., & Bazerman, M. H. (1985). The effects of framing and negotiator overconfidence on bargaining behaviors and outcomes. *Academy of Management Journal, 28*, 34-49.

Pruitt, D. G., & Lewis, S. A. (1975). Development of integrative solutions in bilateral negotiation. *Journal of Personality and Social Psychology, 31*, 621-633.

Regan, D. T. (1971). Effects of a favor and liking on compliance. *Journal of Experimental and Social Psychology, 7*, 627-639.

立花 薫 (著) 榎本 博明 (監修) (2014). 論理的に説得する技術──相手を意のままに操る極意── SB クリエイティブ

Thompson, L. L. (1990a). The influence of experience on negotiation performance. *Journal of Experimental Social Psychology, 26*, 528-544.

Thompson, L. L.（1990b）. An examination of naive and experienced negotiators. *Journal of Personality and Social Psychology, 59*, 82-90.

Thompson, L. L., & Hastie, R.（1990）. Social perception in negotiation. *Organizational Behavior and Human Decision Processes, 47*, 98-123.

第8章

Bass, B. M.（1998）. *Transformational leadership: Industrial, military, and educational impact.* Mahwah, NJ: Lawrence Erlbaum Associates.

Blackwell, L. S., Trzesniewski, K. H., & Dweck, C. S.（2007）. Implicit theories of intelligence predict achievement across an adolescent transition: A longitudinal study and an intervention. *Child Development, 78*, 246-263.

Chen, S. C.（1937）. The leaders and followers among the ants in nest-building. *Physiological Zoology, 10*, 437-455.

Cottrell, N. B.（1972）. Social facilitation. In C. G. McClintock（Ed.）, *Experimental social psychology*（pp.185-236）. New York: Holt, Rinehart & Winston.

Dweck, C. S.（1986）. Motivation processes affecting learning. *American Psychologist, 41*, 1040-1048.

榎本 博明（2014）. 仕事で使える心理学　日本経済新聞出版社

Fiedler, F. E.（1967）. *A theory of leadership effectiveness.* New York: McGraw-Hill.
（フィードラー, F. E. 山田 雄一（監訳）（1970）. 新しい管理者像の探究　産業能率短期大学出版部）

Forsyth, D. R.（2006）. *Group dynamics*（4th ed）. Belmont, CA: Thompson Wadsworth.

French, J. R. P. Jr., & Raven, B. H.（1959）. The basses of social power. In D. Cartwright（Ed.）, *Studies in social power*（pp.150-167）. Ann Arbor, MI: Institute for Social Research, The University of Michigan.

Harlow, H. F.（1932）. Social facilitation of feeding in the albino rat. *The Pedagogical Seminary and Journal of Genetic Psychology, 41*, 211-221

Hersey, P., & Blanchard, K. H.（1977）. *Management of organizational behavior: Utilizing human resources*（3rd ed.）. Englewood Cliffs, NJ: Prentice Hall.

本間 道子（2011）. 集団行動の心理学――ダイナミックな社会関係のなかで――　サイエンス社

Hunt, P. J., & Hillery, J. M.（1973）. Social facilitation in a coaction setting: An examination of the effects over learning trials. *Journal of Experimental Social Psychology, 9*, 563-571.

今瀧 夢・相田 直樹・村本 由紀子（2018）. リーダーの暗黙理論がチーム差配に及ぼす影響――失敗した成員に対する評価に着目して――　社会心理学研究, *33*, 115-125.

Judge, J. A., Bono, J. E., Ilies, R., & Gerhardt, M. W.（2002）. Personality and leadership: A qualitative and quantitative review. *Journal of Applied Psychology, 87*, 765-780.

釘原 直樹（2011）. グループ・ダイナミックス――集団と群集の心理学――　有斐閣

Latané, B.（1981）. The psychology of social impact. *American Psychologist, 36*, 343-356.

Latané, B., Williams, K., & Harkins, S.（1979）. Many hands make light the work: The causes and consequences of social loafing. *Journal of Personality and Social Psychology, 37*, 822-832.

Lewin, K., Lippitt, R., & White, R.（1939）. Patterns of aggressive behavior in experimentally created social climates. *Journal of Social Psychology, 10*, 271-301.

三隅 二不二（1966）. 新しいリーダーシップ――集団指導の行動科学―― ダイヤモンド社

三隅 二不二（1988）. 組織におけるリーダーシップ 三隅 二不二・山田 雄一・南 隆男（編） 応用心理学講座 1 組織の行動科学（pp.164-197） 福村出版

三隅 二不二・杉万 俊夫・窪田 由起・亀石 圭志（1979）. 企業組織体における中間管理者のリーダーシップ行動に関する実証的研究 実験社会心理学研究, *19*, 1-14.

Mullen, B., & Copper, C.（1994）. The relation between group cohesiveness and performance: An integration. *Psychological Bulletin, 115*, 210-227.

岡 隆（2001）. 社会心理学の重要研究 山岸 俊男（編）社会心理学キーワード（pp.17-65） 有斐閣

Raven, B. H.（1965）. Social influence and power. In I. D. Steiner, & M. Fishbein（Eds.）, *Current studies in social psychology*. New York: Holt, Rinehart, Winston.

Triplett, N.（1898）. The dynamogenic factors in pacemaking and competition. *American Journal of Psychology, 9*, 507-533.

Zajonc, R. B.（1965）. Social facilitation: A solution is suggested for an old unresolved social psychological problem. *Science, 149*, 269-274.

第 9 章

Asch, S. E.（1955）. Opinions and social pressure. *Scientific American, 193*, 5, 31-35.

Asch, S. E.（1956）. Studies of independence and conformity: A minority of one against a unanimous majority. *Psychological Monographs, 70*, 1-70.

Deutsch, M., & Gerard, H. B.（1955）. A study of normative and informational social influences upon individual judgment. *Journal of Abnormal and Social Psychology, 51*, 629-636.

榎本 博明（2017）.「忖度」の構造――空気を読みすぎる部下，責任を取らない上司―― イースト・プレス

本間 道子（2011）. 集団行動の心理学――ダイナミックな社会関係のなかで―― サイエンス社

本間 道子・小山田 恵美・橘田 博美（2003）. 集団決定における hidden profile 現象とコミュニケーション・モードの効果 日本女子大学紀要 人間社会学部, *14*, 91-107.

Janis, I. L.（1982）. *Groupthink: Psychological studies of policy decisions and fiascoes*. Boston, MA: Houghton-Mifflin.

釘原 直樹（2011）. グループ・ダイナミックス――集団と群集の心理学―― 有斐閣

三隅 二不二（1988）. 組織におけるリーダーシップ 三隅 二不二・山田 雄一・南 隆男（編）（1988）. 応用心理学講座 1 組織の行動科学（pp.164-197） 福村出版

岡本 浩一（2006）. 社会的責任と倫理 古川 久敬（編）産業・組織心理学（pp.173-190） 朝倉書店

岡本 浩一・鎌田 晶子（2006）. 属人思考の心理学――組織風土改善の社会技術―― 新曜社

Schachter, S. (1951). Deviation, rejection and communication. *Journal of Abnormal and Social Psychology, 46*, 190-207.

Stasser, G., & Stewart, D. (1992). Discovery of hidden profiles by decision-making groups: Solving a problem versus making a judgment. *Journal of Personality and Social Psychology, 63*, 426-434.

Stasser, G., Taylor, L. A., & Hanna, C. (1989). Information sampling in structured and unstructured discussions of three-and six-person groups. *Journal of Personality and Social Psychology, 57*, 67-78.

Stasser, G., & Titus, W. (1985). Pooling of unshared information in group decision making: Biased information sampling during discussions. *Journal of Personality and Social Psychology, 48*, 1467-1478.

Stasser, G., & Titus, W. (1987). Effects of information load and percentage of shared information on the dissemination of unshared information during group discussion. *Journal of Personality and Social Psychology, 53*, 81-93.

Wallach, M. A., Kogan, N., & Bem, D. J. (1962). Group influence on individual risk taking. *Journal of Abnormal and Social Psychology, 65*, 75-86.

Weisband, S. P. (1992). Group discussion and first advocacy effects in computer-mediated and face-to-face decision making groups. *Organizational Behavior and Human Decision Processes, 53*, 352-380.

第 10 章

Ajzen, I. (1991). The theory of planned behavior. *Organizational Behavior and Human Decision Processes, 50*, 179-211.

Assael, H. (2004). *Consumer behavior: A strategic approach.* Boston, MA: Houghton Mifflin.

Basuroy, S., Chatterjee, S., & Ravid, S. A. (2003). How critical are critical reviews? The box office effects of film critics, star power, and budgets. *Journal of Marketing, 67*, 103-117.

Baumeister, R. F., Bratslavsky, E., Finkenauer, C., & Vohs, K. D. (2001). Bad is stronger than good. *Review of General Psychology, 5*, 323-370.

Blackwell, R. D., Miniard, P. W., & Engel, J. F. (2006). *Consumer behavior* (10th ed.). Thompson.

Chevalier, J. A., & Mayzlin, D. (2006). The effect of word of mouth on sales: Online book reviews. *Journal of Marketing Research, 43*, 345-354.

Cloninger, C. R., Svrakic, D. M., & Przybeck, T. R. (1993). A psychological model of temperament and character. *Archives of General Psychiatry, 50*, 975-990.

Engel, J. F., Kollat, D. T., & Blackwell, R. D. (1968). *Consumer behavior.* New York: Holt, Rinehart & Winston.

榎本博明 (2018). ビジネス心理学 100 本ノック　日本経済新聞出版社

Fazio, R. H. (1990). Multiple processes by which attitudes guide behavior: The MODE model as an integrative framework. *Advances in Experimental Social Psychology, 23*, 75-109.

Fishbein, M. (1963). An investigation of the relationships between beliefs about an object and the attitude toward that object. *Human Relations, 16,* 233-240.

Fishbein, M., & Ajzen, I.（1975）. *Belief, attitude, intention, and behavior: An introduction to theory and research.* Addison-Wesley.

Jones, C. R. M., & Fazio, R. H.（2008）. Associative strength and consumer choice behavior. In C. P. Haughtvedt, P. M. Herr, & F. R. Kardes（Eds.）, *Handbook of consumer psychology*（pp.437-459）.

Kahneman, D., & Tversky, A.（1979）. Prospect theory: An analysis of decision under risk. *Econometrica, 47,* 263-292.

Katz, E., & Lazarsfeld, P. F.（1955）. *Personal influence: The part played by people in the flow of mass communications.* New York: The Free Press.
（カッツ，E.・ラザースフェルド，P. F. 竹内 郁郎（訳）（1965）. パーソナル・インフルエンス──オピニオン・リーダーと人びとの意思決定── 培風館）

小嶋 外弘（1964）. 消費者心理の研究 日本生産性本部

小嶋 外弘（1972）. 新・消費者心理の研究 日本生産性本部

小嶋 外弘（1986）. 価格の心理──消費者は何を購入決定の"モノサシ"にするのか── ダイヤモンド社

Kojima, S.（1994）. Psychological approach to consumer buying decisions: Analysis of the psychological purse and psychology of price. *Japanese Psychological Research, 36,* 10-19.

Maslow, A. H.（1954）. *Motivation and personality.* New York: Harper & Row.
（マズロー，A. H. 小口 忠彦（監訳）（1971）. 人間性の心理学──モチベーションとパーソナリティ── 産業能率短期大学出版部）

Rogers, E. M.（2003）. *Diffusion of innovations*（5th ed.）. New York: Free Press.
（ロジャーズ，E. M. 三藤 利雄（訳）（2007）. イノベーションの普及 翔泳社）

Rozin, P., & Royzman, E. B.（2001）. Negativity bias, negativity dominance, and contagion. *Personality and Social Psychology Review, 5,* 296-320.

杉谷 陽子（2012）. 情報の伝播と消費者行動 杉本 徹雄（編著）新・消費者理解のための心理学（pp.183-201） 福村出版

Trusov, M., Bucklin, R. E., & Pauwels, K.（2009）. Effects of word-of-mouth versus traditional marketing: Findings from an internet social networking site. *Journal of Marketing, 73,* 90-102.

Tversky, A., & Kahneman, D.（1981）. The framing of decisions and the psychology of choice. *Science, 211,* 453-458.

Walker, C.（1995）. "Word of mouth". *American Demographics, 17,* 38-44.

第11章

東 洋（1994）. 日本人のしつけと教育──発達の日米比較にもとづいて── 東京大学出版会

Benedict, R.（1934）. *Patterns of culture.* New York: Houghton Mifflin.
（ベネディクト，R. 米山 俊直（訳）（1973）. 文化の型 社会思想社）

Crocker, J., & Park, L. E.（2004）. The costly pursuit of self-esteem. *Psychological Bulletin, 130,*

392-414.

榎本 博明（1987）．自己開放性と適応──仮面と自己をめぐって── 島田 一男（監修）瀧本 孝雄・鈴木 乙史（編）講座 人間関係の心理6 性格と人間関係（pp.89-121） ブレーン出版

榎本 博明（2002）．自尊感情のとらえ方の精緻化に向けて──シンポジウム：自尊感情をめぐって（2）における話題提供── 日本社会心理学会第43回大会発表論文集，878-879.

榎本 博明（2004）．ワークショップ：自尊感情尺度開発の試み（3）における話題提供 日本社会心理学会第45回大会発表論文集，27.

榎本 博明（2010）．子どもの「自己肯定感」のもつ意味 児童心理，3月号，1-10.

榎本 博明（2012）．「すみません」の国 日本経済新聞出版社

榎本 博明（2014）．ディベートが苦手，だから日本人はすごい 朝日新聞出版

榎本 博明（2016）．「みっともない」と日本人 日本経済新聞出版社

榎本 博明（2017）．「間柄の文化」という概念をめぐる考察 自己心理学，7，23-41.

榎本 博明（2018）．「対人不安」って何だろう？──友だちづきあいに疲れる心理── 筑摩書房

榎本 博明（2021）．自己肯定感という呪縛──なぜ低いと不安になるのか── 青春出版社

榎本 博明・田中 道弘（2006）．自尊感情測定尺度の現状と課題 人間学研究，4，41-51.

フェルドマン，O.（1995）．社会的自尊心尺度の研究──日本における方法論と妥当性の諸相── 社会学ジャーナル，20，46-64.

Fromm, E.（1941）. *Escape from freedom.* Holt, Rinehart & Winston.
（フロム，E. 日高 六郎（訳）（1951）．自由からの逃走 創元社）

Hall, E. T.（1976）. *Beyond culture.* Garden City, NY: Anchor Press.
（ホール，E. T. 岩田 慶治・谷 泰（訳）（1979）．文化を超えて TBSブリタニカ）

Heine, S. J., Lehman, D. R., Markus, H. R., & Kitayama, S.（1999）. Is there a universal need for positive self-regard? *Psychological Review, 106*, 766-794.

星野 命（1970）．感情の心理と教育（2） 児童心理，24，1445-1477.

Kardiner, A.（1939）. *The individual and his society: The psychodynamics of primitive social organization.* New York: Columbia University Press.

木村 敏（1972）．人と人との間──精神病理学的日本論── 弘文堂

Linton, R.（1945）. *The cultural background of personality.* New York: Appleton Century Crofts.
（リントン，R. 清水 幾太郎・犬養 康彦（訳）（1952）．文化人類学入門 創元社）

Markus, H. R., & Kitayama, S.（1991）. Culture and the self: Implications for cognition, emotion, and motivation. *Psychological Review, 98*, 224-253.

Mead, M.（1928）. *Coming of age in Samoa.* New York: Morrow.
（ミード，M. 畑中 幸子・山本 真鳥（訳）（1976）．サモアの思春期 蒼樹書房）

Mead, M.（1949）. *Male and female: A study of the sexes in a changing world.* New York: Harper Perennial.
（ミード，M. 田中 寿美子・加藤 秀俊（訳）（1961）．男性と女性──移りゆく世界における両性の研究──（上・下） 東京創元社）

野村 昭 (1979). モーダル・パーソナリティの形成過程と概念検討——国民性を中心として
　　—— 星野 命 (編) 人間探究の社会心理学 4　人間と文化 (pp.96-117)　朝倉書店

Rosenberg, M. (1965). *Society and the adolescent self-image.* Princeton, NJ: Princeton University Press.

祖父江 孝男 (1976). 文化人類学のすすめ　講談社

田中 道弘 (2002). 自尊感情の測定に関する視点から (2)　日本社会心理学会第 43 回大会発表論文集, 878-879.

田中 道弘 (2005). 自己肯定感尺度の作成と項目の検討　人間科学論究, *13*, 15-27.

田中 道弘 (2008). 自尊感情における社会性, 自尊感情形成に際しての基準——自己肯定感尺度の新たな可能性——　下斗米 淳 (編) 自己心理学 6　社会心理学へのアプローチ (pp.27-45)　金子書房

第12章

安藤 寿康 (2009). 生命現象としてのパーソナリティ　榎本 博明・安藤 寿康・堀毛 一也　パーソナリティ心理学——人間科学, 自然科学, 社会科学のクロスロード—— (pp.111-133)　有斐閣

Baumrind, D. (1967). Child care practices anteceding three patterns of preschool behavior. *Genetic Psychology Monographs, 75,* 43-88.

Beavers, R., & Hampson, R. B. (2000). The Beavers Systems Model of family functioning. *Journal of Family Therapy, 22,* 128-143.

Bell, R. Q. (1968). A reinterpretation of the direction of effects in studies of socialization. *Psychological Review, 75,* 81-95.

Brazelton, T. B. (1973). *Neonatal Behavioral Assessment Scale.* Philadelphia, PA: J. P. Lippincott. (ブラゼルトン, T. B. 鈴木 良平 (監訳) (1979). ブラゼルトン 新生児行動評価　医歯薬出版)

Coopersmith, S. (1971). Studies in self-esteem. *Scientific American, 218,* 99-106. (クーパースミス, S 岡本 奉六 (訳) (1972). 自尊心の形成と家庭環境　別冊サイエンス, *1,* 113-120.)

Cumsille, P. E., & Epstein, N. (1994). Family cohesion, family adaptability, social support, and adolescent depressive symptoms in outpatient clinic families. *Journal of Family Psychology, 8* (2), 202-214.

Damon, W. (1983). *Social and personality development.* New York: W. W. Norton. (デーモン, W. 山本 多喜司 (編訳) (1990). 社会性と人格の発達心理学　北大路書房)

榎本 博明 (2003). はじめてふれる心理学　サイエンス社

Epstein, N. B., Bishop, D., Ryan, C., Miller, I., & Keitner, G. (1993). The McMaster Model: View of healthy family functioning. In F. Walsh (Ed.), *Normal family processes* (2nd ed., pp.138-160). New York/London: The Guilford Press.

Glick, I. D., & Kessler, D. R. (1980). *Marital and family therapy* (2nd ed). New York: Grune & Stratton. (グリック, I. D. ・ケスラー, D. R. 鈴木 浩二 (訳) (1983). 夫婦家族療法　誠信書

房）

Haley, J.（1981）. *Problem-solving therapy: New strategies for effective family therapy.* San Francisco, CA: Jossey-Bass.
　　（ヘイリィ，J. 佐藤 悦子（訳）（1985）. 家族療法――問題解決の戦略と実際――　川島書店）

平木 典子（1999）. 家族の心理構造　岡堂 哲雄（編）補訂版　家族心理学入門（pp.13-23）培風館

亀口 憲治（1999）. 家族の心理過程　岡堂 哲雄（編）補訂版　家族心理学入門（pp.25-33）培風館

柏木 惠子（2003）. 家族心理学――社会変動・発達・ジェンダーの視点――　東京大学出版会

Korner, A. F.（1974）. The effect of the infant's state, level of arousal, sex, and ontogenetic stage on the care giver. In M. Lewis, & L. A. Rosenblum（Eds.）, *The effect of the infant on its care giver.* Vol.1. New York: Wiley.

Minuchin, S.（1974）. *Families and family therapy.* Cambridge, MA: Harvard University Press.
　　（ミニューチン，S. 山根 常男（監訳）（1984）. 家族と家族療法　誠信書房）

森岡 清美（2000）. 社会変動と家族の発達・個人の発達　日本発達心理学会第 11 回大会シンポジウム

西村 智代・亀口 憲治（1991）. 家族成員間のパワー及びコミュニケーション・パターンからみた家族システムの変化――「物語創作場面」の分析を通して――　家族心理学研究，5，109-119.

岡堂 哲雄（1999）. 家族心理学の課題と方法　岡堂 哲雄（編）補訂版　家族心理学入門（pp.1-11）　培風館

佐藤 和夫（1996）.「親密圏」としての家族の矛盾　女性学研究会（編）女性がつくる家族 4　勁草書房

遊佐 安一郎（1984）. 家族療法入門――システムズ・アプローチの理論と実際――　星和書店

人名索引

事項索引

著者略歴

えのもと　ひろあき
榎本　博明

1979 年　東京大学教育学部教育心理学科卒業
1983 年　東京都立大学大学院心理学専攻博士課程中退
1992 年〜93 年　カリフォルニア大学客員研究員
　　　　　大阪大学大学院助教授，名城大学大学院教授等を経て
現　在　MP 人間科学研究所代表
　　　　　産業能率大学兼任講師　博士（心理学）

主要著書

『「自己」の心理学——自分探しへの誘い』サイエンス社，1998
『〈私〉の心理学的探究——物語としての自己の視点から』有斐閣，1999
『〈ほんとうの自分〉のつくり方——自己物語の心理学』講談社現代新書，2002
『自己心理学 1 〜 6』（シリーズ共監修）金子書房，2008-09
『「上から目線」の構造』日本経済新聞出版社，2011
『「すみません」の国』日本経済新聞出版社，2012
『「やりたい仕事」病』日本経済新聞出版社，2012
『〈自分らしさ〉って何だろう？』ちくまプリマー新書，2015
『「やさしさ」過剰社会』PHP 新書，2016
『自己実現という罠』平凡社新書，2018
『はじめてふれる人間関係の心理学』サイエンス社，2018
『はじめてふれる産業・組織心理学』サイエンス社，2019
『わかりやすいパーソナリティ心理学』サイエンス社，2020
『教育現場は困ってる』平凡社新書，2020
『「さみしさ」の力』ちくまプリマー新書，2020
『わかりやすい教育心理学』サイエンス社，2021
『はじめてふれる心理学［第 3 版］』サイエンス社，2021
『自己肯定感という呪縛』青春新書，2021
『わかりやすい発達心理学』サイエンス社，2022

ライブラリ わかりやすい心理学＝7

わかりやすい社会心理学

2023 年 3 月 25 日 ⓒ　　　　　　初 版 発 行

著　者　榎 本 博 明　　　発行者　森 平 敏 孝
　　　　　　　　　　　　　印刷者　中 澤　　眞
　　　　　　　　　　　　　製本者　松 島 克 幸

発行所　　**株式会社　サイエンス社**

〒151-0051　東京都渋谷区千駄ヶ谷 1 丁目 3 番 25 号
営業 TEL　(03) 5474-8500 (代)　　振替 00170-7-2387
編集 TEL　(03) 5474-8700 (代)
FAX　　　 (03) 5474-8900

組版　ケイ・アイ・エス
印刷　㈱シナノ　　　　　　　製本　松島製本
《検印省略》

ISBN978-4-7819-1565-4

PRINTED IN JAPAN

サイエンス社のホームページのご案内
https://www.saiensu.co.jp
ご意見・ご要望は
jinbun@saiensu.co.jp　まで.